NATALIJA MORA DALJE

Autor
MARA KREZDORN

Recenzent
DRAGAN TOŠIĆ

Lektura i korektura
DRAGAN TOŠIĆ

Priprema za štampu
Dragan Lazarević

Prvo izdanje

Ova publikacija u celini ili u delovima ne sme se umnožavati, preštampavati ili prenositi u bilo kojoj formi ili bilo kojim sredstvima bez dozvole izdavača i autora, niti može biti na bilo koji drugi način ili bilo kojim drugim sredstvima distribuirana ili umnožavana bez odobrenja autora. Sva prava za objavljivanje ove knjige, kao i sva prava za prodaju u inostranstvu, zadržava izdavač i autor, po odredbama Zakona o autorskim pravima.

Copyright © by Mara Krezdorn

Mara Krezdorn

NATALIJA MORA DALJE

Ja sam...
Ja sam Natalija. U godinama sam kada žene nerado govore o zimama i letima koje su prebrojale do sad. Kada uopšte nerado govore o brojevima. Koliko god to meni bilo smešno, nije mi nimalo čudno. Svesna sam da živimo u svetu u kom su žene već sa četrdeset matore i "otpisane". Ali, ako je to neka satisfakcija, mnogima sam još uvek privlačna. Imam dugu plavu kosu, za svoje godine prilično vitko i zgodno telo i kad se potrudim, znam da izmamim komplimente muškaraca...

Pripadam onoj grupi žena koje ujutro, kada se pogledaju u ogledalo i uoče novu, sitnu boru iznad usne ili oko lepih, velikih očiju zeleno-braon boje, koje inače najviše volim na sebi, sa zadovoljstvom zaključe da još uvek mogu da se osmehnu liku koji vide ispred sebe i konstatuju da je vreme koje je za njima, ostavilo na njihovom licu samo još jedan trag mudrosti i još jednog preživljenog iskustva.

Ne patim zbog svojih godina, ne patim ni zbog svega što sam u prošlosti pregrmela preko svojih leđa. Ne žalim ni zbog jednog drhtaja i treptaja svoga srca. Ne plačem više ni zbog jedne boli koja me je gušila. Živim za jutro koje je svanulo i dan koji je ispred mene.

Ipak, koliko god ne želim da se sećam prošlosti, ona i sama, nepozvana ponekad dođe u moje misli. Zapitam se tada da li želi da me muči i proganja, ili samo ne dozvoljava da zaboravim. A posle svega, gotovo da sam sigurna da želi samo da mi stavi do znanja da u "sadašnjem životu" nemam prava na suze, nezadovoljstvo i loše raspoloženje.

Detinjstvo

Moji roditelji su se u grad u kom sam rođena, doselili iz jednog udaljenog planinskog sela, da bi pobegli od nemaštine i jada u kojem su živeli. Retko su odlazili u svoj rodni kraj, a kada bi to i činili, bilo je to na kratko, jer otac je "radio", a majka je "morala da vodi računa o deci i kući". Sada mi se čini da im je to bio samo dobar izgovor kojim su se branili od stalnih prekora moje babe, očeve majke. Znala je da im kaže da su na nju i dedu sasvim zaboravili i da na grob ne treba da im dolaze, ako im nije stalo da ih vide dok su još živi.

A meni se, još kao maloj, činilo da je očeva porodica zaista živela u najjadnijem i najsiromašnijem selu na ovom svetu. Koliko god su moji roditelji retko odlazili u to selo, mene i moju braću su još ređe vodili sa sobom. A iskreno, mi zbog toga baš nešto nismo ni patili.

Pamtim jedan jedini odlazak kod babe i dede, a ni njega se ne sećam ni po čemu lepom. Do sela se nije moglo doći autobusom, jer u njemu nije postojao ni put kojim bi autobus mogao proći. Autobuska stanica na kojoj smo izašli iz autobusa, nalazila se ispod jednog starog razgranatog oraha pored puta posutog krupno "tucanim" kamenom.

Od tog mesta se jednim utabanim puteljkom između krošnji bagremovih i cerovih stabala penjalo uzbrdo. Braća i ja smo svojim sitnim, dečjim koracima pokušavali da stignemo oca i majku, koji su žurno "grabili" ispred nas. Obično su nas sačekivali na iskraju šume koja je bila presecana po kojom njivicom ili livadom. Zadihani od napora, trčali smo prema njima između izdikljalih šibljika gloga, kukajući zbog ogrebotina koje je na našim bosim rukama i nogama ostavljalo njegovo oštro trnje. Više se ne sećam koliko smo zaista pešačili, ali znam da mi se tada kao sedmogodišnjoj devojčici to činilo kao čitava večnost.

Ni kuća u kojoj smo u gradu živeli nije bila palata, ali kada smo napokon stigli do babine i dedine kuće, pred nama se ukazala mala, oronula "šeperuša" sa nakrivljenim krovom i sitnim, "biber" crepom koji je bio ulegao na jednoj od četiri strane, verovatno zbog natrulih greda i letvi koje su ga pridržavale. Sa zidova kuće se ljuštila bela boja kojom su nekad davno bili okrečeni. Ćoškovi, koji su se naslanjali na grubo tesani kameni temelj bili su obijeni i jasno se mogla videti boja sasušenog blata.

Materijal od kog su nekad pravljene kuće u mom kraju, zove se "naboj", a pravio se tako što su se blato i sitni parčići slame mešali sa vodom, a onda se ta smeša "nabijala" između greda koje su držale tako napravljene zidove. U kuću se ulazilo preko tri kamena stepenika kroz izbledela drvena vrata, a levo i desno od njih stajala su dva prozora sa tesanim drvenim kapcima.

U kući nije bilo struje, što je za nas, decu i u to vreme bilo nezamislivo. Sa zalaskom sunca kuća, dvorište, čardak i sav okoliš tonuli su u neprozirnu tamu. A mi, onako mali, plašili smo se mraka.

Pod kuće bio je prekriven samo dobro utabanom zemljom i jedina njegova prednost je bila u tome što nismo morali da strepimo da li ćemo nešto prosuti na njega i da li ćemo ga isprljati i namrviti, jer nam to naša majka "u gradu" nije opraštala. Ipak, baba je svaku noć svoj zemljani pod prskala vodom i čistila metlom koju je sama pravila od pruća.

Dok je to radila, nas decu je podsećala na vešticu iz slikovnice o Ivici i Marici, jedinoj koju smo u svojoj kući imali i stalno pregledali. Ne toliko zbog nje same i zbog toga što je ličila na nju, nego više zbog čitavog prizora koji se mogao videti u toj jedinoj prostoriji kuće.

Pored nje, koja je u rukama držala tu čudnu metlu, na sred sobe, sa tavana bez plafona, preko kog su bile postavljene izukrštane grede, visio je kotao okačen o njih lancima, pun vode koja je stalno ključala, jer su se u vatru koja je gorela ispod njega, stalno dodavala drva.

Vatra je iako je bilo leto, vrcala na sve strane i u svežim noćima stvarala paru od koje su prozori bili stalno zamagljeni. Kada smo hteli da pogledamo napolje, morali smo prvo da izbrišemo kapljičastu maglu koja je prekrivala malena okna.

"Beži od tog prozora! Šta šaraš nosom po njemu?", razderala bi se baba, kad bi to primetila.

Deda, koji je gotovo neprekidno ćutke sedeo na uglačalom drvenom tronošcu u blizini vatre, samo bi ljutito promrmljao: "Ostavi decu na miru! Neće ti više nikad doći ti, matora veštice!"

Pamtim još da smo mi deca, spavali, bolje reći provodili noći u nekoj maloj drvenoj kućici, koja nije bila ni čardak a ni šupa, u koju smo se smeštali uz lelujavu svetlost sveće, koju je baba odnosila sa sobom kad je odlazila, iz predostrožnosti da je ne zapalimo.

Davala nam je da se pokrijemo starim, hrapavim guberom, koji nas je po čitavu noć grebao i "grizao", a pridružile bi mu se i buve, koje su nas nemilosrdno ujedale. Nismo ni spavali, jer smo se po svu noć neprestano češali.

"Seko, hoću kući!", neprekidno je plakao moj brat Mitar, tražeći pomoć i zaštitu od mene. Tešila sam ga i smirivala, ali ni ja se nisam bolje osećala od njega. Buve su me ujedale, guber grebao, bojala sam se mraka, veštica i neprekidno iščekivala moment kada će neka od njih zakucati na vrata. Tako smo po celu noć provodili budni. Sutradan bismo kunjali i jedva čekali trenutak kada će otac i majka reći da se vraćamo kući.

Pamtim da smo barem Mitar, moj mlađi brat koji je imao četiri i ja, koja sam imala sedam godina, u očevom selu i u njegovoj rodnoj kući bili tada i nikad više. Deda je bio u pravu. Nismo više nikad došli, jer svaki put, kada bi se pomenuo odlazak kod njih, pronalazili bismo neki izgovor zbog kog "baš sad ne možemo".

Možda je svemu tome doprinelo i to, što je deda progovarao samo onda kad se svađao sa babom, a baba je bila preke i opake naravi. Zato je nismo ni voleli. Uvek je sve moralo biti kako ona hoće i kako ona naredi. Na sve to, nikad se nije ni potrudila da je zavolimo. Da nas barem nekom sitnicom privoli, ili podmiti. To joj nije ni padalo na pamet, jer je iznad svega bila cicija.

Nikad nam ništa nije dala kao što su to činile ostale babe, ali što je još gore, nikad nam nije pružila ni svoju pravu i iskrenu ljubav kao svojim unucima.

Prvo deda, a ubrzo posle njega i baba, za nas, koji smo još bili mali, "otišli su na nebo". Njihova oronula kuća je sasvim propala i jednog dana se pred naletima vetrova, kiša i zime, srušila. Ipak, zauvek sam je zapamtila i zauvek ostala da se plašim tog jada i nemaštine u kojoj su živeli.

* * * * *

Majčina porodica je živela u drugom, ne tako udaljenom selu i oni su za razliku od očevih roditelja živeli mnogo bolje. Ali, ono što je nama, kao deci, bilo mnogo važnije, deda i baba po majci su prema nama, uvek bili dobri.

Zato sam jedva čekala školski raspust da odem kod njih. To je za mene bio pravi doživljaj.

Kuća im je bila velika, popatošena, pa je sve mirisalo na drvo. Lepe krpare, koje je baba sama tkala na razboju, bile su prostrte po podu. Često je pokušavala da i mene nauči da tkam, ali mi to nikako nije polazilo za rukom.

Mali drveni prozori na uvek sveže okrečenoj kući, bili su prekriveni belim heklanim zavesicama. Kuća je uvek mirisala i na svež, tek ispečen domaći hleb.

Deda je za mene bio najbolji deda na svetu. Iako u godinama, bio je lep čovek, sa plavim, ali tamnim očima, dugom bradom i kosom. Nikad se nije obazirao na to, da li se njegova brada i kosa nekom dopadaju ili ne.

Govorio je: "Ovako je nosio i Isus, pa hoću i ja."

Mnogi su ga cenili, ali su ga neki, koji su želeli da mu se narugaju, smatrali čudakom, jer je pisao pesme i pripovetke. Bilo je to vreme, kada je to svima, a pogotovo neukim ljudima na selu, bilo nezamislivo, pa su sa podozrenjem gledali na takve, jer je većina smatrala da takvima "nešto fali".

Ni danas, ukoliko niste pisac koji je uvršten u školsku lektiru, to niko ne smatra nekim ozbiljnim poslom, zato mu se još više divim, jer on se zaista uspešno borio sa njihovim podsmehom.

Za mene, ali i za mnoge druge, on je bio izuzetno pametan čovek. Verovatno su zato od njega tražili da se i politički angažuje, kako bi ga predložili i postavili za predsednika opštine u gradu. Ali, on je to odbio.

Imao je opravdanje: "Ni Isus, tako nešto, nikad nije radio."

Više je voleo da me stavi pored sebe i da mi čita. Bio je u stanju da mi čita satima razne priče i pesmice, a ja sam sve upijala. Očima, srcem i dušom.

Kada bi zastao, molila sam ga:

"Ajde deda čitaj mi još. Još, molim te još"...

A on bi zadovoljno čitao dalje. Nikad ni meni, ni njemu nije bilo dosta priča i pesmica.

Voleo je dobro i da popije. Pored kuće se nalazila drvena magaza, podignuta na čvrstim, debelim, drvenim stubovima. Ona je bila njegov raj. Napravio je u njoj sebi krevet od drveta, stavio u njega slamaricu, preko nje guber i tu je osim zimi, tokom čitave godine, spavao.

Preko puta svog kreveta, na dohvat ruke, smestio je bure sa vinom, koje je imalo slavinu, ali i tanko gumeno crevo uvučeno u njega, pomoću kojeg je mogao da pije vino, ne točeći ga u čašu, nego tako, usrkujući duge gutljaje, kroz to crevo. Često je tako znao i da se napije. Tada bi izuo opanke, koje je inače uvek nosio, natakao na štap izatkanu torbu u koju bi spakovao slaninu, hleb, vino i mali nožić. Prebacio bi štap preko ramena i onako bos, krenuo peške desetak kilometara do grada.

Bilo je zaista čudno videti jednu takvu starinu, sa dugom kosom i bradom, kako bosa korača putem, ne obazirući se ni na koga i ni na šta. Sada, kada se toga setim pomislim da mu je u tim trenucima bilo jedino važno to što je i tako ličio, a verovatno i sam sebe, podsećao na Isusa.

A, moram priznati da je to donekle i bila istina. Pomalo je zaista i ličio. Vraćao bi se obično kući posle dva dana i niko ga nikada nije smeo pitati ni gde je bio, ni šta je radio. Posle takvih svojih odlazaka zatvarao bi se u svoju magazu, smišljao i zapisivao nove priče i šaljive pesmice.

Dobro se i sada sećam koliko sam se smejala dok je recitovao jednu pesmicu, koju je "sastavio" dok je ležao u bolnici, jer ga je iverka od drveta pogodila u oko, zbog čega je na tom oku izgubio vid.

Bilo je to nešto, otprilike ovako: *U mojoj šumi, u Beloj Vodi, iverka me u oko pogodi... Imam ženu Katu, al spavam u vajatu. Nemam ništa. Ni penziju, ni platu...*

Zimi bi se zaista preseljavao u vajat. Bila je to mala, lepa drvena kućica sa samo jednom prostorijom. Unutra se nalazio drveni krevet, naravno opet sa slamaricom, sto i jedna stolica. Na stolu je bila hrpa knjiga. Uvek ih je iznova čitao i niko nije smeo ni da ih takne. Čak ni baba. Jedino ja sam smela.

"Ajde dedina lepojko", znao je da mi kaže, dok bi malim oštrim nožem rezao domaću slaninu na tanke komadiće koje sam ja sa slašću jela , "ajde da čitamo".

A ja sam uživala u njegovom čitanju... Slušala sam satima o vilama, vilenjacima i vešticama.

Volela sam i da pomažem dedi i babi oko poslova u štali. Imali su puno stoke. Krave, ovce, svinje i kokoške koje su redovno nosile jaja. Na tavanu štale bilo je puno osušenog sena. Volela sam taj miris. Stalno sam se pentrala drvenim merdevinama na tavan da pokupim jaja i iznova osetim miris sena koji je ostajao na mojoj odeći, dok sam se valjala po njemu.

Kao mala, svakog leta sam uživala kod njih na selu i jedva čekala sledeći raspust.

* * * * *

A mi smo živeli sasvim drugačije...

Živeli smo u predgrađu jednog malog grada, smeštenog u kotlini. Sa jedne njegove strane nalazila se planina, koja se nadvijala nad gradom i noću izgledala ogromno i zastrašujuće. Danju, imala sam osećaj da tu stoji da nas obrli svojim ogromnim rukama od drveća, proplanaka i stenja, da nas zaštiti.

Poneki put, pred kišu, pružala sam ruke prema njoj, jer mi se činilo da je mogu svojom malenom rukom dotaći i pomilovati. Kroz grad je vijugala plitka rečica, ali ponekad, kada bi kiša dugo padala i kada bi nadošli brzi planinski potoci koji su se ulivali u nju, ta rečica je znala da poraste pa da se izlije i napravi velike probleme.

Mi smo stanovali podalje od nje, tako da se nismo plašili poplava. Kuća nam nije bila velika. Imala je samo dve sobe i kuhinju. Nas petoro je živelo u njoj. Bilo je prilično tesno za sve.

U jednoj manjoj sobi su spavali roditelji, a u drugoj, moja dva brata Mitar i Mihailo i naravno, zajedno sa njima ja. Kuhinja je u odnosu na ostatak kuće bila prilično velika. Na podu je bio linoleum, koji sam svakoga dana brisala, jer je "morao da se sija".

Šporet na drva se ložio skoro uvek. Imali smo i električni, ali on je retko uključivan jer je "struja bila skupa". Na prozoru je bila okačena prelepa zavesa, koju sam obožavala. Dobili smo je od tetke, koja je živela u Francuskoj.

Ta moja dobra tetka, mamina sestra, uvek nam je donosila lepe stvari: posteljinu, zavese, garderobu i svi smo se uvek radovali njenom dolasku.

Iz kuhinje su vodila vrata u ostavu. Ona je bila sasvim mala, ali je zato u njoj bilo svega. Mama je redovno ostavljala zimnicu, kuvala marmelade, džemove, cedila sokove od svih mogućih vrsta voća... Sve to je sama pravila.

Ja sam se uvek radovala kada bi došlo vreme za kuvanje džemova. Volela sam da uživam u tim predivnim mirisima voća i da joj pomažem. U jednom uglu ostave, uvek su stajale vreća krompira i vreća crnog luka. Kada se to nalazilo u ostavi, moja majka je bila sigurna da nećemo biti gladni.

Sa jednog eksera na zidu, visio je čvrsto upleten venac belog luka i veza sušenog bosiljka. Na zadnjoj polici stalaže, mirisale su na leto, poslagane zlatno-žute dunje, a pored njih je uvek bilo i nekoliko flaša domaće rakije.

Bez šljivovice se u kući nije smelo biti. Otac je znao da kaže da mu je to važnije od hleba! Na jednoj stalaži police, blistale su se flaše mlevenog paradajza.

Sećam se da se ponekad dešavalo da neka, nakon kuvanja, prokisne, ili kako je to mama govorila "uzvrišti", pa onda "eksplodira", isprska sve i napravi pravi haos u ostavi. Majka bi tad na sav glas grdila i psovala, "skidala sve sa nebesa" i besnela.

Prostor u sobi u kojoj smo moja dva brata i ja spavali, najvećim delom je zauzimao jedan bračni krevet u kom smo svi zajedno, poređani kao sardine, tonuli u san. Soba je bila taman tolika, da u nju stane taj krevet i ormar "trokrilac", po kom su isto kao i u ostavi bile poređane zrele dunje, od kojih je mirisala cela soba. Po drvenom podu, sa tri strane kreveta, bile su opružene prugaste krpare, izatkane vrednim rukama moje babe, mamine majke.

Bili smo prilično siromašna porodica i nismo mogli priuštiti ništa bolje. Bili smo čak srećni, da imamo i to. Mnogi ljudi koje smo znali, na sve silne troškove i nemaštinu, plaćali su čak i stanarinu. Njima je bilo još gore...

U našoj kući, samo otac je radio. Novca nikada nije bilo dovoljno. Često se dešavalo da nemamo novca ni za osnovne stvari. "Krpili smo" nekako i jedva sastavljali kraj s krajem, čini mi se od samog početka, pa sve do kraja meseca, verovatno kao mnoge porodice u to vreme. Naravno bilo je i onih koji su živeli mnogo bolje od nas. Ali, takve, mi nismo ni poznavali.

* * * * *

Za razliku od mene, moj stariji brat Mihailo, bio je krupan dečko, malo podebeo, ali lepuškast i dobrodušan. Iz detinjstva je u mom sećanju ostala urezana njegova slika, kako stoji sa isturenim stomačićem ispod šarenog iskrzanog džempera, podbočen rukama o struk, u pantalonama uvučenim do kolena u duboke gumene čizme. Čini mi se da ih je uvek nosio. Zimi obavezno, a veoma često i leti.

Imao je crnu kosu i oči, tamne, kao noć. Kao prvenac, odgajan je dok se ja i brat nismo rodili, okružen majčinom ljubavlju, pa je za nju kao mali, bio posebno vezan. Vaspitavan je tako, da uvek bude poslušan i da se nikad ne suprotstavlja odlukama roditelja. Možda i zbog toga, izrastao je u izrazito plašljivog dečaka, veoma osetljivog i emotivnog, sa najboljom dušom na svetu...

Svi koji su ga poznavali su tu njegovu osetljivost i dobrotu osećali, a mnogi su je kako to u životu obično biva, koristitili i zloupotrebljavali. Nije znao nikom da se suprotstavi i da se izbori za sebe, čak ni među svojim drugovima. Zato se uvek povlačio i sklanjao u pozadinu, a dečaci njegovih godina su već glumili "frajerčiće" i dokazivali se u društvu tako što su maltretirali slabije i povučenije od sebe.

Ono što je najgore, te njegove osobine su do ludila dovodile oca, pa svaki put kada bi dobio batine od onih koje je smatrao svojim drugovima, to ga je čekalo i kod kuće, od oca, koji se nervirao što je tako "smotan".

"Blento jedan, zar nemaš ruke da se braniš?!" urlao bi na njega.

A onda bi se začulo – pljas!

Na Mihailovom licu bi se ocrtao trag prstiju od očevog šamara. Mihailo se hvatao za crven obraz i plačući bežao da se sakrije iza kuće, da ne bi dobio još, jer, ako bi ga otac video da plače, znalo se da mu tek onda sleduju batine.

Naš otac je bio prgave naravi, isto kao i njegova majka, naša baba, koju nismo voleli. Svoj bes zbog svega što mu je u životu smetalo, iskaljivao je na nama u kući, a najčešće na Mihailu, iako se on uvek klonio i bežao od problema.

Kad bismo Mitar, mlađi brat i ja pravili neku glupost, on se uvek povlačio i sklanjao u stranu, iz straha od roditelja.

"Jeste li vi poludeli, ako tata vidi gotovi ste!!!"- panično bi vikao, ali nikad nije ni pokušao da nas udari.

Na njegovu viku, mi se nismo ni obazirali. Na kraju, kad god bismo dobijali batine, uvek ih je dobijao i on, zajedno sa nama, jer nas nije dobro pazio, kao stariji brat.

Sećam se jedne situacije, posle koje smo mogli zbog svoje nerazumnosti, pošteno da nadrljamo.

U sobi, u kojoj smo nas troje spavali, na ormar, pored zrelih mirisnih dunja, otac je spustio i flašu svoje nezaobilazne rakije, koju je tih dana dobio od jednog kolege, kada nam je sa svojom ženom dolazio u goste.

Otac i majka su otišli u grad, da kupe nove jorgane, jer su oni sa kojima smo se pokrivali, bili već iscepani, pa je kroz crveni material kojim su bili opšiveni, na sve strane izvirivala neka veštačka vuna kojom su bili napunjeni. Mitru i meni je bila interesantna ta meka i poput vate rastresita masa, pa smo je stalno čupkali i koristili je za sve i svašta. Počev od igranja, do brisanja obuće. Malo-pomalo, jorgani su na mestima bili skoro ispražnjeni i puni rupa. Zato su se morali kupiti novi.

Dok su otac i majka bili u kupovini, mi smo ostali sami. Mitar i ja, uvek željni igre, odmah smo sazvali u kuću još troje dece iz komšiluka. Bili smo jedna čudna, mala družina, uzrasta od pet do deset godina. Mihailo je u početku po svom običaju negodovao, a onda je samo stajao sa strane, gledao i krstio se.

Nekome je u jednom trenutku palo na pamet da uzmemo očevu flašu rakije sa ormara, da je otvorimo i probamo. Mihailo se odmah pobunio:

"Vi niste normalni! Ako tata primeti, ubiće nas!"

Ali, Mitar je odmah našao rešenje:

"Ma daj, ti stalno nešto zanovetaš! Dosućemo vode! Baš će on znati. Nije je ni probao, pa da zna kakvog je ukusa."

Malo-pomalo, popili smo skoro celu litru i svi osim Mihaila bili smo pijani. Kikotali smo se, skakali po krevetu onako mali i divlji, sve dok daske koje su držale madrace nisu popucale i madraci propali na pod.

Ni to nam nije bilo dosta, pa je neko predložio da probamo da pušimo, kao odrasli. Pošto nismo imali cigareta, uvijali smo u rolne stari, novinski papir. Otvorili smo na plotni deo šporeta, kroz koji su se u ložište ubacivala krupna drva, koja nisu mogla da prođu kroz ložionik i "vukli" kroz smotanu "rolnu", kao da palimo cigaretu. Mene su izazvali da budem prva. Plamen je suknuo kroz onaj papir, moja "cigareta" je planula i zapalila mi obrve. Derala sam se kao jarac, a cela kuhinja je "mirisala" na moje spaljene obrve. Smrdelo je kao kad otac zakolje prase pa onda one svinjske dlake "prlji" vatrom.

Kad su roditelji došli, nastao je za nas pravi "pakao". Nisu imali sažaljenja ni što nam je bilo muka, pa smo neprekidno povraćali od popijene rakije, ni što su meni lile suze zbog spaljenih obrva... Dobili smo takve batine, da ih i dandanas pamtim, ali znam i da su imali pravo. Sada sam svesna koliko je to tragično moglo da se završi.

Naravno, opet je najviše dobio Mihailo...

* * * * *

Mlađi brat Mitar, bio je sušta suprotnost Mihailu. Bio je mali, sitan, kočoperan, prgav. Uvek je sve moralo biti onako kako on hoće, ili bi u kući nastajao lom. Ličio je na oca. Imao je oči i pogled koji su bili "isti njegovi". Naravno, imao je i sličnu narav. Uvek je prvo mislio na sebe. Nije ga bilo briga da li nešto treba Mihailu ili meni. Kad bi naumio nešto da dobije, znao je kako će to i da ostvari.

Prvo bi krenuo sa pričom koja je nagoveštavala šta je smislio. Posle bi usledilo ulagivanje i umiljavanje, a ako to ne bi urodilo plodom, ljutio se i po ceo dan zvocao majci i tražio da mu pošto-poto učini, sve dok svoj naum i ne ostvari. Nije ga niko drugi interesovao. Nije ga bilo briga hoće li zbog svojih želja i kaprica nekoga povrediti. Morao je dobiti ono što hoće i tačka.

Majka je uvek bila "slaba na njega". Uvek sam se pitala zašto. Jedino objašnjenje koje sam pronašla je to, da je to zato što je bio najmlađi i što je bio očev ljubimac. Na neki svoj način, uvek je uspevala da mu udovolji i da mu obezbedi sve što je tražio. Ni danas mi nije jasno kako. Mnogo puta sam je videla kako zbog njegovih nemogućih zahteva plače i to me je bolelo.

Kao sasvim mali, bio je prgav, plakao za svaku sitnicu, a Mihailo i ja morali smo da brinemo o njemu, da mu ispunjavamo sve želje, a ako to nismo radili, znalo se šta nam sleduje. Uvek je u rukama morao da ima baš onu igračku, kojom smo se jedno od nas dvoje igrali. Ako bismo se usprotivili da mu je damo, znalo se da ćemo čuti:

"On je mali, daj mu, nemoj da plače!"

Kad je malo porastao, on nikad nije bio kriv ni za šta, što bi uradio. Ponovo smo bili krivi mi, jer smo stariji i jer ga nismo dobro pazili. Znao je kada se oko nečeg posvađamo da me udari, a onda, ako pokušam da mu vratim, počne da vrišti i da jauče, pritom me neprekidno udarajući, sve dotle, dok ne dođu majka ili otac i još me dodatno ne istuku. Nikada nisu uspevala moja ubeđivanja da nisam ništa kriva i da nisam ništa uradila, da je on razmažen. Uvek su bili na njegovoj strani.

Voleo je da Mihailu i meni priređuje razne smicalice, jer to ga je strašno "zabavljalo". Jedna od njih se po Mihaila završila prilično bolno i naravno traumatično.

Na jednom placu, koji je do tada bio samo poljana na kojoj smo se igrali, ljudi koji su taj plac kupili, počeli su da grade kuću. U to vreme cigla se retko kad kupovala. Uglavnom se ručno pravila od zemlje i vode, mesila, sipala u kalupe, a potom su se pravile male ciglane u kojima se pekla. Isto je bilo i sa krečom, koji je korišćen za zidanje kuće. Kameni krečnjak je usitnjavan, potom ubacivan u udubljenja iskopana u zemlji, paljen, a nakon hlađenja, "gašen" vodom i tako bi se dobijala krečna masa, koja se dalje koristila.

Tako su se na tom placu nalazile i ciglana i krečana. Gradnja kuće je razumljivo išla sporo, pa smo se mi i dalje na njemu igrali onda kada majstori ne rade. Mihailo je naravno brinuo što to mesto koristimo za igru i stalno strepeo da ne naiđu radnici, vlasnici placa, mama ili tata. Ja se sa svojim drugaricama nisam mnogo obazirala, ali Mitar se stalno nervirao što Mihailo "zvoca", pa je danima smišljao i pripremao kako da mu se osveti i da ga smiri.

Preko krečane je nabacao grane sa svežim lišćem i sve tako zakamlufirao da se krečana nije ni primećivala. Igrao se pored jednog lažnog, od granja napravljenog "žbuna". Mihailo je ponovo "brinuo", a ja sam bila na sasvim drugom delu placa. A onda se zaorio Mitrov urlik:

"Jao, ose! Ose! Ceo roj! Ujedaju! Jaooooo boli!"

Mihailo, onako dobrodušan kakav je bio, stuštio se prema njemu i ne gledajući ispred sebe, upao u krečanu. Sva sreća da je kreč bio zagašen i da krečana nije bila duboka.

Bauljajući nekako i pokušavajući da se izvuče iz granja kojim ju je Mitar prekrio, ostao je sav beo i "prekrečen", čak i po licu i kosi. I naravno, svi su mu se smejali. Ali, problem je nastao kada se napokon izvukao iz rupe i kada nije mogao da stane na desnu nogu. Počeo je da plače, jer nije mogao ni da se osloni na nju. Jedva smo ga doveli do kuće. I naravno, opet je od oca dobio najstrašnije grdnje, jer je "običan blento i smoto". Majci je bilo žao, jer je uganuo nogu, a na Mitrovu krivicu, niko se nije ni osvrnuo.

Ni kasnije, kad je još porastao, Mitar nije previše mario ni za koga. Njemu je jedino bilo važno da se "dotera" i bude uvek lepo obučen. A to je u našoj kući bilo skoro nemoguće.

Još kao osnovac postao je "frajerčić", pa je bio interesantan devojčicama i rano počeo da se viđa sa njima. Uživao je u svojoj reputaciju zavodnika.

* * * * *

A ja, ja sam bila jedna mršava devojčica, tamne puti sa krupnim i radoznalim zeleno-braon očima. Sebi sam izgledala prilično obično i nezanimljivo. Meni su, dok sam bila mala, bile lepe devojčice koje su bile doterane i ulickane, koje su u kosi nosile velike crvene mašne, na nogama lakovane cipelice, a na plavim đačkim keceljama bele, heklane i dobro uštirkane bele kragnice.

Sve ono, što ja nikad nisam imala. Ja sam kosu vezivala gumicama koje su preostajale od zimnice, ili bile skinute sa neke potrošene tegle krastavčića. Na nogama sam, kad su nove, imala obavezno za broj ili dva veće cipele, jer je otac govorio da će mi iduće godine noga sigurno narasti, ili cipele koje su nošene dve, a nekad i tri godine pa su bile izanđale i okrzane, ali su bez obzira na to koliko su stare, uvek morale biti čiste i izglancane.

Što se tiče školske kecelje, tokom svog školovanja imala sam ih tri. Jednu od prvog do četvrtog razreda, drugu od petog do osmog i jednu dok nisam završila srednju školu. Ni na jednoj nikad nisam imala belu, heklanu i uštirkanu kragnicu. Ista situacija je bila i sa đačkim torbama. Za svaki od ta tri perioda školovanja, sledovala mi je po jedna, osim u situacijama kada bi neka od njih postajala sasvim neupotrebljiva.

A baš to se dogodilo jedne zime, kada sam strašno žudela za prelepim, braon kožnim čizmama kakve je moja najbolja drugarica imala. Ja ih nikad nisam dobila, jer naravno nije bilo novca da mi se kupe. Umesto njih, ja sam kao i svake zime dobila gumene čizme do kolena i naravno, za jedan broj veće.

Moja osnovna škola je bila na brdu i u normalnim vremenskim prilikama nije bilo nikakvih problema popeti se do nje. Međutim, kad dođe zima, za mene je to bilo ravno podvigu. Uspentrati se po ucaklelom, zaleđenom putu, u izlizanim gumenim čizmama, bio je i te kakav problem. Uzbrdo sam još nekako i išla, pridržavajući se za ograde dvorišta kuća koje su bile nanizane neposredno pored puta. Ali, silaženje nizbrdo je bilo nemoguće izvesti. Od silnog padanja, više sam bila na zadnjici, nego na nogama. A onda mi je "kliker proradio".

Sela sam na tašnu i na njoj se klizala do kraja ulice, a kada bi pretila opasnost da skrenem sa puta, ili da u nešto udarim, kočnice su mi bile pete na čizmama. Moj "izum" je danima odlično funkcionisao, ali naravno, pete na mojim čizmama su vrlo brzo bile izlizane, a naravno, stradala je i tašna. Otac se u početku samo čudio i pitao šta se događa sa mojim stvarima:

"Da li je moguće da se više ništa kvalitetno ne proizvodi u ovoj zemlji? Dete, ti kao da svaki dan jedeš te čizme i ovu torbu!"

Mitra sam naravno morala podmititi da me ne izda kod oca.

Ipak, nije dugo potrajalo, jer otac je brzo shvatio šta se događa, a onda mi je sve preselo. Te batine sam dugo pamtila.

Nikad nisam bila ljubomorna na devojčice koje su imale mnogo više od mene, ali se nisam osećala ni iskompleksiranom ni manje vrednom od njih. Znala sam da cenim sebe i kvalitete, koje sam znala da posedujem, bez obzira da li su ih drugi primećivali i priznavali. Uvek sam išla visoko podignute glave, ponosna, kao da je ceo svet moj. Isto tako, uvek sam imala puno drugova i drugarica, jer sam bila komunikativna, a mnogima i interesantna i zabavna.

Bez obzira na to kako sam kao mala samu sebe doživljavala, puno njih mi je govorilo da sam lepa. Jedan moj teča me je zbog mog tamnog tena i kako je on često sa oduševljenjem pričao, moje "vragolaste lepote", zvao "Cigančica".

Kada sam malo poodrasla, put mi je posvetlela. Smeđa kosa, postala je prošarana svetlim, zlatastim vlasima. Vremenom sam i sama postala svesna svog izgleda. Znala sam da sam lepa i to mi je godilo.

A kao mala, maštala sam i neprekidno zamišljala bolji život od onog koji sam imala. Verovatno zbog bajki o vilama i princezama, koje mi je deda čitao, zamišljala sam sebe kao princezu, na nekom bogatom dvorcu, kako šetam svojom ogromnom sobom u divnim svilenim krinolinama, ogledam se u velikom ogledalu ili leškarim u krevetu sa baldahinima, čekajući svog princa da dođe iz lova....

Dečja maštanja, zaista mogu biti velika, široka i bezgranična. Dok bih pešačila preko jedne livade, preko koje sam morala najmanje deset minuta ići peške pre nego što izađem na glavni put za školu, bila sam u nekom svom svetu, svetu blagostanja, u kome je sve uvek bilo lepo i veselo.

U mislima mi i sad odjekuju reči moje učiteljice Ljubice: "Deco, kada ste kod kuće, kad nemate šta da radite, ili makar pred spavanje, odvojite bar petnaest minuta za maštanje. To je u životu veoma važno. U svojoj mašti možete biti šta god poželite: prinčevi i princeze, imati svoju jahtu, najlepšeg princa na belom konju, biti balerine, piloti, generali, lekari... U mašti je sve onako kako vi želite, i niko vam to ne može oduzeti. A što je najbitnije, ako u mašti nešto jako želite, možda vam se maštanja jednog dana i ostvare."

Tako sam i radila. Svakog dana sam maštala. A imala sam izuzetno bujnu maštu. Ali, povratak iz tih mojih divnih, ružičastih snova bio je uvek tužan i jadan...

* * * * *

Podrazumevalo se da je otac glava kuće. Za sve odluke koje je trebalo doneti, njegova reč je bila presudna. Za sve se on pitao, ali ako nešto nije bilo u redu, ili onako kako je on očekivao, on nikada nije bio kriv. Ako se radilo o krupnim stvarima, ili o nama deci, za "krivicu" je bila zadužena majka.

Bio je debeo, začuđujuće tankih nogu, ali lepog lica. Imao je strog i oštar prodoran pogled i činilo se da njime, kada se naljuti, može ubiti. Svi u kući su morali da slušaju njegova naređenja bez pogovora i da neko više, neko manje po njegovom nahođenju, trpe njegove batine.

Voleo je da popije. Svakoga dana, uz jutarnju kafu, pre ručka i posle popodnevnog odmora, morao je da popije "rakijicu" i to se nikad nije završavalo samo na jednoj. Podrazumevalo se da se mora popiti i kada nam neko dođe, a vrlo često je i sa kolegama i prijateljima svraćao u neku od kafanica opet - "na po jednu". Tako mu se često dešavalo da se napije, a onda je postajao još osioniji i gori. Tada smo samo ćutali i sklanjali se.

Radio je kao portir u jednom transportnom preduzeću, veoma često, noćnu smenu. Vraćao se ujutro, nervozan i ljut, pa smo posebno morali dobro da pazimo da ga nečim ne razbesnimo, i da mu slučajno "ne stanemo na žulj". Onako besan i neispavan, znao je olako da potegne rukom. Znali smo i mi za to, pa bismo se u takvim situacijama odmah razbežali od kuće, "svako svojim poslom".

Imao je povišen pritisak, pa je majka počela sakrivati rakiju od njega. Kad nije htela da mu da više da pije, odlazio je u komšiluk i tamo bi se napio, a onda smo svi u kući strepeli od njegovog povratka i izliva besa. A uglavnom je i inače uvek zbog nečeg bio ljut i besan.

Ponekad, u veoma retkim situacijama, pogotovo kada nam neko dođe u kuću, znao je da bude i veseo, da se našali. Zbog toga su ljudi mislili da je on dobar čovek. Znali su svi da je pomalo prek, jer to nije mogao sakriti, ali su svi mislili da je u suštini dobar i pun života.

Sada, kada razmišljam o njemu i kada želim da pronađem opravdanje za neke njegove osobine i postupke, pomislim ponekad da bi on možda bio i drugačiji, da nije imao velikih problema sa kičmom... Kad ga stisnu bolovi, gledali smo da ne budemo u njegovoj blizini, da ne bismo dobili štapom po leđima. Tada je bio kao besan vuk.

    Sećam se kako je jednom u nastupu svog besa, pokidao sav paradajz u bašti jer su ga vrapci iskljucali. Naravno, majka je i za to bila kriva. Urlao je i vikao na nju. Izgrdio ju je kako se to u mom kraju kaže "na pasja usta", što nije sedela u bašti i čuvala paradajz.

    Ona je samo ćutala. Znali smo svi, da je još dobro prošla, jer, bar nije dobila batine.

* * * * *

    Moja majka je, po kriterijumima onog vremena, bila lepa žena. Imala je prirodno talasastu kosu i crne oči. Iako je imala zaobljeno lice, ono je bilo skoro uvek ispijeno od umora i stalne brige, pa je veoma često delovala beživotno. Bila je malo punija, ali lepo građenja. Uvek je bila čista i kada bi se samo malo doterala, delovala je kao prava gospođa.

    Imala je stroge nazore i robovala mnogim životnim principima. Zato je uvek bila spremna da kritikuje sve i svakoga i da svima deli savete šta treba da rade i šta je za koga bolje i najbolje, pa je time odbijala ljude od sebe. Uvek je u komšiluku postojao neko, ko joj nije bio dovoljno dobar, sa kim se ne razgovara i naravno, sa kim njena deca "ne smeju da imaju posla".

    Previše često je bila mrzovoljna i puna nekakve negativne energije. Takve dane, u kojima je to dolazilo do izražaja, jako sam mrzela. Kad bi se poneki put nasmejala, a to se retko događalo, oči bi joj zasijale, lice omekšalo i tada mi je izgledala kao prava lepotica. Žarko sam želela da uvek imam takvu mamu, a ne onu namrgođenu i narogušenu. Da nije imala tu svoju čeličnu hladnoću i oštirinu u pogledu, bila bi uvek lepa i svima draga žena.

I pored nemaštine koja nas je kroz život pratila, brinula je da uvek imamo skuvano jelo na stolu. Siromašno, ali ukusno. Majka je volela da kuva i da mesi. Mesila je hleb svakoga dana, a pošto je uz krompir i luk, brašno bilo namirnica koje je uvek moralo biti u kući, često je pravila i razna jela od testa: uštipke, krofne, razvlačila pite, mesila razne kiflice, a ponekad, kada je bila raspoložena, pekla nam je i palačinke. Iz naše kuće svakoga jutra, od rane zore, širio se miris prženih "listića". Majka ih je pravila od dela testa koje bi zamesila za hleb. Na brzinu bi nadošlo testo razoklagijala, iseckala na četvrtaste parčiće, na svakom parčetu napravila rez i bacala tako isečene parčiće na vrelu mast. Ulje je tada za nas bilo luksuz. Listići su cvrčali u vreloj masti, bubrili, na središnjem rezu se pravila rupa, a kada bi dobili rumenkasto-zlatnu boju, majka ih je vadila u veliku belu vanglu sa crvenim tufnama. Tako tople, grabili smo ih iz vangle, mazali marmeladom i jeli. To nam je bio svakodnevni doručak, pre polaska u školu.

Nije da ih nisam volela. Volela sam i te kako, taj miris pečenih listića koji se svakoga jutra širio kućom. Znala sam da me ujutro, kada ustanem, čekaju na stolu i taj miris me prati i dan-danas. To je miris moga detinjstva. Mati, koliko god da je po prirodi bila ljuta, davala je u tom pogledu sve od sebe. Ni od čega je uvek uspevala da naprvi nešto. Znala je lepo da kuva i mesi. Ali, nije se imalo, a i kod nas, barem tad mi se tako činilo, ništa nije bilo kao kod drugih.

Kada bih krenula u školu, skretala sam do kuće moje školske drugarice Svetlane. Naravno, kao po pravilu, morala sam da je čekam, jer je uvek "gnjavila" i "mrljeckala" sa doručkom. I naravno, svako jutro bih čula kada joj njena majka kaže:

" 'Ajde, dušo, jedi. 'Ajde moli te majka!"

A ispred nje na stolu, bilo je svega i svačega... Sve ono za čim sam žudela i što mi je bila želja, barem da probam.

Išla mi je voda na usta. Ne mogu da kažem, njena majka je i mene nudila, ali ja sam, baš onako, kako mi je majka govorila da rade fino vaspitane devojčice, uvek odgovarala:

"Jao, ne mogu tetka Slavka, baš sam se jutros najela. Samo što san doručkovala. Stvarno, ne mogu ni da zinem!"

Bilo je u tome i istine, ali isto tako, koliko god da sam bila sita, samo da me nije bilo sramota i da sam to smela, "smazala" bih u slast, sve ono što je bilo na stolu.

Nisam krivila Svetlanu zbog toga što je imala mnogo više i lepše od mene i da pojede i da obuče. Samo sam tugovala u sebi i pitala se zašto i mi ne možemo imati kao i drugi. Bila sam dete i nisam mogla da razumem zašto "neki drugi" imaju, a mi nemamo. Odgovor na to pitanje nikad nisam dobila ni od roditelja.

Jedini očev odgovor je uvek bio:

"Nema se i gotovo! Ja sam radim, a nas je petoro u kući. Petoro usta treba nahraniti, a ja imam samo deset prstiju na rukama!"

Koliko god mi se sada čini smešnim što sam pridavala toliko važnosti svemu tome, pamtim dobro, da meni to tada, nije bilo nimalo smešno. Živeli smo u nemaštini i tako malo je bilo potrebno da osetim to naivno, detinje, zadovoljstvo i sreću. Činilo mi se da bih bila srećna, da sam mogla barem nešto lepo da pojedem. Sada, sama govorim sebi da su to bile nevažne stvari, ali za mene, u to vreme, bile su od životne važnosti. Danas, kada sve to mogu sebi da priuštim, sve te lepe stvari koje sam kao dete toliko želela, nekako su izgubile onu vrednost.

Ipak, morala sam i tada, a moram i sada sebi da priznam, da sam ipak zbog jedne stvari, uvek bila ljubomorna na Svetlanu. Ali, ne zbog onog što je imala da obuče i pojede, već zbog nežnosti i ljubavi koju je dobijala od svoje majke, a koja je meni toliko nedostajala.

Mi deca, jedva smo čekali da dođe naša slava, Đurđevdan. Preko godine se moglo i gladovati, ali slava je uvek morala da se dostojanstveno obeleži. Tada je u kući bilo svega i svačega. Od supe, kuvanog mesa, sarme i pečenja, pa do torti i sitnih kolača. Jedino tada smo mogli jesti, koliko god hoćemo. Ono, što je bilo najvažnije, majka je u to vreme bila sasvim drugačija. Tih dana, kao da je izlazila iz neke svoje neprobojne ljušture, koja ju je obavijala negativnom energijom. Ali, to nije trajalo dugo. Kad bi prošla slava, prošao bi i ponovo netragom nestao i njen osmeh sa lica.

I sada, kada se setim tih dana, osećam tugu što nije više ljubavi i razumevanja imala za nas, svoju decu, mada, kada bolje razmislim, majka nije ni imala mnogo razloga za veselost i smeh pored oca, koji ju je uvek kinjio i maltretirao.

Otac, onako prgav kakav je bio, lako je potezao ruku na nju, a ona se nikad nije branila. Nikada mi nije bilo jasno da je tako ćutke trpela izlive njegovog besa i udarce. Kao da se to podrazumevalo – da on treba i ima pravo da je tuče, a ona mora sve to da trpi. Bože, kako sam ga u takvim trenucima mrzela! Mislim da ga zapravo nikad nisam ni volela, zbog toga.

Kada nam je u goste dolazila njegova majka, naša baba, znalo se da moja mama, dok je ona tu, bar jednom mora dobiti batine. Baba bi uvek nešto smislila da oca "podbode" i nahuška protiv nje, barem da je odalami, a često i izmlati. Sećam se da jednom prilikom, kad ju je udario, ja, iako sam imala samo oko sedam godina, nisam mogla podneti njen plač. Ščepala sam u ruke neki gvozdeni žarač, koji se tu negde našao i lupila ga njime po nogama. Stao je iznenađen, izbečio se u mene i prestao da je bije. Naravno, ostatak batina sam dobila ja.

Mrzela sam ga tada iz dna duše i u glavi mi je jedino odzvanjala misao da želim da ga nema, da nije tu, sa nama. Želela sam da umre. Jedino tako bismo bili mirni i mogli živeti normalno. Činilo mi se da bi nam bilo lepo, samo kad bismo bili bez njega. Strahota! Mrzela sam sopstvenog oca... Kada sam odrasla, pa i sada, posle toliko godina, uplašim se takvih svojih misli. A tek tada, bio je to veliki teret za mladu, detinju dušu...

Svaki put kada bi je otac izudarao, ona je odlazila u drugu prostoriju. Plakala je, dugo kukala nad sopstvenom sudbinom i klela:

"Dabogda ga crvi jeli!"

Ježila sam se kada to čujem. Hvatala me je tuga zbog majke koja plače i kune, pa mi se u grlu stvarala knedla, koju nikako nisam mogla da progutam. Molila sam Boga da mi pomogne da jednoga dana ostavim tu ukletu roditeljsku kuću, da odem negde daleko, daleko, i više ni jedno od njih dvoje ne vidim. Ni oca tiranina, ni uplakanu i mrzovoljnu majku!

Odmah bih se i postidela svojih misli. Svaki put kada bih tako pomislila, mrzela sam i sebe. Ne samo da sam se osećala loše, već sam mislila da sam i ja stvarno loša, kad tako mogu da mislim i osećam. Ipak, te, takve misli, dolazile su u moju glavu opet i svaki put iznova.

Sada, kada razmišljam o svome detinjstvu, znam samo da je ono bilo tužno. Bez smeha, dečje radosti, pažnje i ljubavi. Nije bilo u njemu mnogo lepog. Nije bilo ni nekih doživljaja vrednih pamćenja. Bilo je u izobilju jedino tužne i dosadne nemaštine, oskudice i siromaštva i jedino više od toga nedostatka ljubavi i duševne praznine.

Jedino što je ostalo u meni kao lepo sećanje na detinjstvo su raspusti, koje sam provodila kod mog dragog dede i babe na selu. Sve ostalo je samo praznina bez emocija, bez ljubavi, koju deca očekuju od svojih roditelja, za kojom žude i koja im je u krajnjem potrebna. Za mene je u detinjstvu sreća bila pojam koji sam vezivala za dan koji je prošao bez vike, dreke i batina.

Zbog toga i danas nosim ogromnu prazninu u duši i želju da je izbrišem. Ali, to se ne može. Nosim teret svoga života na sopstvenim leđima i tek ponekad uspem da skinem to breme onda, kada uspem da slažem sebe da mi je bilo lepo. Ipak, nikako ne uspevam da nateram sebe da u tu laž verujem.

Mnogo bolje mi je to polazilo za rukom u detinjstvu, kada sam od surove istine i stvarnosti koja me je gušila, bežala u svet knjiga. U svet priča iz pročitanih romana i zamišljala svoj život mnogo srećnijim i lepšim. Samo u tom svetu, ljubav i dobro uvek pobeđuju. Govorila sam sebi da će jednog dana sve biti bolje i lepše. Želela sam to i nadala se. Bili su to snovi, za koje sam čvrsto verovala da će se jednom ostvariti. Stalno sam maštala o tome.

Romane sam uvek morala krišom da čitam. Majka mi to nikada nije dozvoljavala. Kad bi me otkrila, sledovale su mi batine .Vikala je koliko je grlo nosi:
"Ćurko, gde ti je opet glava? U kom svetu ti živiš? Ti i tvoji glupavi romani! Bolje ti je uzmi knjigu da učiš! Više da te nisam videla da čitaš te budalaštine!"

Obavezno bi me povukla za kosu, dobro procimala, a onda i "klepila" po glavi.

Bolelo me je to što moja majka, nikada nije pokazala da me voli. Nikada me kao devojčicu željnu pažnje nije uzela na krilo i mazila me kao što to rade ostale majke. A, meni je to toliko trebalo i nedostajalo. Bila mi je potrebna njena ljubav. Bilo mi je potrebno da me bar ponekad pomazi, da sa mnom priča. To je jedino radio moj deda i zato nisam mogla da dočekam raspust da bih otišla kod njega na selo. Jedino on mi je pružao tu toplinu, koja mi je bila preko potrebna. Toga u našoj porodici nije bilo. Kad god bih dobila po glavi ili kad bi me majka povukla za kosu, bolelo me je, neizdrživo. Ne toliko zbog počupane kose, već zbog majčine grubosti i ljubavi koja mi je nedostajala.

Mladost

Kada sam završila osnovnu školu, nisam mogla da upišem srednju, koju sam želela. Moj poziv i dalji životni put, odredio je moj otac. Moja želja je bila da upišem zanat i da se školujem za frizera. Međutim, moj otac, koji je za sebe mislio da je Bog, imao je nešto drugo u glavi:
"Kakav bre frizer? Treba ceo život da čeprkaš po tuđim glavama i da im trebiš vaške!!! Lepo ćeš ti meni da učiš za šnajderku, pa ćeš lepo kad završiš, da se udaš i da se smiriš uz muža i decu, a taj posao možeš posle i kod kuće da radiš."

Bila sam besna i mrzela sam ga u tim momentima, ali protiv njegove volje ništa se nije moglo uraditi. On je tako odlučio i to je bilo gotovo. Na tu temu više nije bilo razgovora.

U srednjoj školi sam bila dobar učenik, ali šivenje mi nije nikako išlo. Dok je razredna objašnjavala kako se otvaraju rupice, ja sam krišom, ispod klupe čitala svoje ljubavne romane. Kad bi me otkrila, isterala bi me napolje, što sam ja naravno jedva i čekala. Sedala bih u školski park i nastavljala da čitam dalje. Međutim, to nije dugo potrajalo. Veoma brzo, razredna je shvatila šta se dešava i nije me nikad više isterala sa časa.

Kažnjavala me je tako što mi je do kraja časa oduzimala knjigu koju sam čitala i morala sam zajedno sa ostalim devojkama da pratim nastavu. To mi se naravno, nimalo nije dopadalo.

Mama je često dolazila u školu da me proverava, pa joj je razredna znala reći da sam jako nemirno, ali dobro dete, ali i da je moji nestašluci oduševljavaju. Moju majku, naravno nisu oduševljavali i stalno je nešto iznova gunđala.

A ja sam i dalje čitala svoje romane, krijući to od majke i oca, a moj brat Mitar me je time redovno ucenjivao. Kada bi njemu nešto zatrebalo, pretio mi je da će reći majci da krišom čitam, uprkos njenoj zabrani. Da me ne bi tužio, uvek je naravno, dobijao ono što je hteo. Tako sam ja i dalje čitala i maštala, ali su moja maštanja sve više bila zaokupljena tajanstvenim svetom ljubavi, valjda kao i svih devojaka mojih godina.

U tim godinama se mašta o velikoj, fatalnoj i večnoj ljubavi, idealnom, najlepšem momku na svetu, koji će te bezrezervno voleti, boriti se za tebe, žrtvovati i naravno, koji će ti obezbediti lagodan život u izobilju i sreći.

Majka mi je na drugoj strani, stalno držala pridike, a neretko i pretila:

"Nemoj da bi ti se desilo da poludiš, pa da se zaljubiš! Ako te slučajno uhvatim da mi se sa nekim vucaraš i da mi "ljubavišeš", teško tebi, ubiću te! Samo mi još to fali!" – stalno je ponavljala.

Neprekidno su mi njene reči odzvanjale u glavi.

"Kakvo te "muvanje i ljubavisanje" snašlo? Nisam valjda poludela? Mene dečaci uopšte ne zanimaju!" – branila sam se svim silama.

Ali, izgleda da je već bilo kasno za majčina "popovanja". Već sam bila "poludela". Lagala sam, jer postojao je jedan dečak, koji mi se dopadao. To se dogodilo negde sedamdesetih, kada sam imala svojih najluđih, petnaest godina.

Bila je to moja prva, naivna i bezazlena, dečja ljubav. Bila sam u nekom, samo svom svetu, u kom sam maštala o sreći, o toj famoznoj, fatalnoj "ljubavi za ceo život", o prvom poljupcu... Pitala sam se jedino da li će zemlja stati da se okreće oko sunca, ili oko sopstvene ose, kada me on poljubi. On je bio moj "tajni dečko", a da to zapravo nije ni znao.

Moja prva, tajna, dečja ljubav, bio je moj komšija Đorđe. Bio je lep, vitak, crnokos, pravilnih crta lica. Nosio je malo dužu kosu i njegove kovrdže, nemirno su lepršale dok hoda i još više isticale nebesko plavetnilo njegovih očiju. Kad god bi me pogledao, telom su mi prolazili neki čudni žmarci i odmah bih počela da zamišljam kako će mi tek biti, kad me poljubi. Plašilo me je to da ću se, kada do toga dođe, možda onesvestiti.

I on je bio mlad i verovatno isto tako neiskusan kao i ja. Jedino što je pokušao, bilo je da me kao slučajno, dodirne. A samo taj tren, u kom bi njegova ruka dodirnula moju ruku, bio je dovoljan da se sasvim izgubim. Počinjala bih da mucam i sva bih planula u licu i crvenilo bi mi se razlilo po vratu. Obrazi su mi goreli i svi su to mogli da uoče i vide, a mene je bilo sramota. Žarko sam želela da me zagrli, da me jako stisne u svoje naručje, da osetim taj njegov zagrljaj, ali sam se bojala, isto kao što se bojao i on. Tako su prolazili dani i ništa osim skrivenih pogleda među nama nije bilo.

A ja sam bila sve zaljubljenija. Maštala sam o tome, da smo negde daleko, da smo sami i srećni, slobodni i da se ne plašimo nikoga.

U to vreme, mladi su se okupljali na korzou. Glavna ulica u centru grada, bila je prepuna devojaka i mladića. Uglavnom devojke i zaljubljeni parovi su šetali ulicom, a slobodni momci su stajali naslonjeni na izloge i zidove zgrada, posmatrajući, smeškajući se i "dobacujući", onim devojkama koje su im se dopadale. Bilo je to jedno nevino i naivno vreme, koje je zajedno sa godinama koje su iza nas, otišlo u nepovrat.

Škola nam se završavala u šest uveče. Iako je to bilo prilično rano za šetnju po korzou, sve moje drugarice su nakon škole išle "na korzo da prošetaju", osim mene. Ja na to nikad nisam smela ni da pomislim. Moj otac to nije dozvoljavao, a očevo naređenje je kao i uvek, za mene moralo biti zakon.

Bože, koliko sam zbog toga patila i kako sam ga u tim momentima mrzela! Ništa nisam smela da radim kao moji vršnjaci. Zabranjeno mi je bilo sve.
"Sve su to obične pokvarenjakuše, koje imaju nenormalne roditelje kad im tako nešto dopuštaju! " – znao je da kaže – "Dok sam ti ja otac, ti nećeš biti kao ostale! Nemoj da ti se slučajno desi! Možeš samo jednom da odeš sa njima, pa ćeš videti kako ćeš se posle toga provesti. Videćeš svoga Boga! Neće ti nikad više tako nešto pasti na pamet! "
Tako su dani prolazili. Ja sam poštovala očevu naredbu, ali što se moja "ljubav" više rasplamsavala, sve više sam patila zbog toga. Drugarice su mi stalno govorile da sam glupa što ne pođem sa njima, jer otac to ne bi ni primetio.
"Večeras će i Đorđe sa nama ići na korzo, zašto ne pođeš i ti, nećemo dugo?", nagovarale su me, kao i svih prethodnih večeri.
Bila sam u velikoj dilemi. Nisam znala šta da radim. Da li da idem, ili ne. Moje dvoumljenje je trajalo samo dotle dok nisam pogledala u njegove zanosne plave oči. A onda sam odlučila! Bolje rečeno, moje srce je odlučilo umesto mene: *Ići ću, pa neka vidim sto bogova!*
Već sam u svojoj glavi videla nas dvoje, kako šetamo sa rukom u ruci. Što je vreme odmicalo, sve više sam se radovala odluci koju sam donela. Mislila sam da će mi srce prepući od ushićenja, treme i slatkog iščekivanja! Zaboravila sam na očeve zabrane, majčine pretnje... Zaboravila sam na sve drugo...
Nismo se dugo zadržali i nije baš sve bilo onako, kako sam ja maštala. Nije bilo držanja za ruku, prvi poljubac je ostao i dalje samo u mojim maštarijama, ali svejedno... Bila sam srećna, jer bilo mi je važno jedino to, što je on bio tu, pored mene. Ništa više mi nije trebalo! Ali, pri povratku kući, što smo više odmicali od grada i približavali se našem naselju, sve više sam zaboravljala na svoje oduševljenje, na

Đorđa, moj prvi izlazak na korzo, a sve više sam brinula da li je otac primetio da kasnim. Brinula sam o tome šta će me dočekati kada uđem u kuću.

I tako, dok smo koračali prema kući svi zajedno, u grupi od sedam - osam devojaka i momaka, svi su bili bezbrižni. Pričali su viceve, šalili se, smejali, a ja sam ćutala i smišljala šta ću da kažem svojima. Šta da kažem, šta da smislim kao izgovor što kasnim... Noge su mi otežale od straha. Ostalo je još samo nekoliko metara do moje kuće. Tresla sam se od straha, jer sam sve više slutila šta me čeka.

I odjednom, moja razmišljanja je prekinuo parališući strah. Stala sam kao ukopana. Krv se u meni sledila. Nisam bila u stanju da napravim nijedan pokret. Preda mnom se najpre iznenada, kao da je s neba spao, stvorio otac, a onda je stao kao ogromna, narogušena planina. Oči su mu bile zakrvavljene od besa, a u ruci je držao dugačak, tanak prut.

Pred Đorđem, pred mojim drugovima i drugaricama, razderao se iz sve snage:

"Da ti milu majku kurvinu! Sad ću ti ja pokazati!"

Crvenih očiju, kao u aždaje, samo što nije počeo vatru da bljuje, zgrabio me je za ruku i počeo udarati po mršavim nožicama, pred svima. Tanak prut koji smo uvek imali u kući i koji je stajao iza vrata – "za svaki slučaj" – fijukao je i savijao se oko mojih bedara i nogu, ostavljajući crvene tragove. Bolelo me je jako, ali nisam mogla da zaplačem. U mojim očima nije bilo suza. Želela sam samo da umrem, da nestanem. Samo da više ne osećam toliku sramotu.

A bilo me je sramota što imam takvog oca... Bilo me je sramota, zbog drugova i drugarica... Bilo me je sramota zbog Đorđa!!!

Duša mi se cepala od bola. Lice mi je bilo skamenjeno, ruke mirno spuštene niz telo, a noge su se sve više prekrivale bolnim, vijugavim, crvenim šarama koje su ostajale po njima, od tankog pruta... U glavi mi je odzvanjala samo jedna misao:

Želim da umrem, što pre. Što pre - to bolje! Sad, odmah, da me više nema!

A onda sam samo delićem svoje svesti registrovala kako on, "moj Đorđe", moja ljubav, beži, grabeći krupnim koracima što dalje od mene, mog oca i ovog neprijatnog i ponižavajućeg prizora. Ostavlja me samu, na milost i nemilost mom krvožednom ocu, ne mareći čak da me on i ubije.

Delić preostale svesti i razuma vapio je u meni: *Zašto me ne brani?!?*

I u tom trenutku, u meni je umrlo sve. Umrla je čak i želja za životom, za postojanjem.

Potrčala sam prema kući. Želela sam da me bar majka zaštiti od njega, da me zagrli i uteši.

"A šta si ti pametnice drugo očekivala? Idi opet, pa se smucaj sa onim ludačama!" – bila je njena uteha. A onda – pljas! – usledio je i njen šamarčina.

Nisam više videla ništa. Samo mi je mrak bio ispred očiju... Pobegla sam u sobu, moleći Boga da me uzme. Da isparim, kao vodena para, da usahnem i nestanem nekud, zauvek.

Ali, život ne ispunjava, tako olako, želje. Niti se rađamo zato što mi to želimo i tako hoćemo, niti možemo umreti onda, kada mi to poželimo. I jedno i drugo se dešava mimo naše volje onda, kada je to suđeno.

Čitave te noći nisam spavala. Pitala sam se kako sutra, od stida, da odem u školu i pogledam u oči svoje drugove i drugarice. Kako da pogledam i u njega – Đorđa.

Te noći sam u sebi ipak, barem jedno definitivno raščistila. On više nije bio "moj Đorđe". Bio je izdajnik. Nisam želela više ni da ga pogledam.

Moja prva ljubav se tako neslavno i katastrofalno završila i barem za mene, umrla zauvek...

I tada sam, iako sam bila mlada, u tami te proplakane noći, shvatila šta u svom životu hoću – ljubav, poštovanje, pristojan život i slobodu!

Želela sam slobodu, da živim bez straha od bilo koga i od bilo čega. Poželela sam te noći ponovo, po ko zna koji put, da oca nikad više ne vidim. A onda se opet, isto po ko zna koji put, u meni javio osećaj krivice:
Pa on mi je otac... Možda je on u pravu, možda sam stvarno ja loša! Možda, na taj način, on samo želi da me zaštiti od svega lošeg što može da me snađe.
Verovatno sam bar delimično i bila u pravu. On za drugi, bolji način vaspitanja i odgajanja dece, nije ni znao. Mislio je da mi čini dobro, ako me povremeno podseti da moram da slušam, a batine su bile sastavni deo njegovog načina razmišljanja. Nije ni pomišljao da možda radi nešto pogrešno.

Te večeri sam u sebi još nešto "prelomila". Jutro sam dočekala rešena da se izborim sama za ono što želim u životu. Rešila sam da moram da idem napred. Da pronađem izlaz iz svega što me okružuje. Da pređem most, iznad provalije koja je razdvajala svet u kojem sam živela, od sveta u kom sam želela da živim. Da snagom sopstvene volje obezbedim sebi bolji život i sreću. Da ne posustanem pre cilja, koji sam sebi zacrtala.

Te noći sam sebi zadala pravac, od kog više nisam smela da odustanem. Verovala sam da moj cilj kad-tad mora da se ostvari. Znala sam da to neće biti lako, ali sam znala i to, da moram uspeti.

Mnogo brže nego što sam i priželjkivala, završili su se moji srednjoškolski dani. Razočarana svojim prvim ljubavnim iskustvom, besna zbog poniženja koje sam pretrpela i željna osvete prema svim muškarcima, nisam više dozvolila sebi da se zaljubim. Dečaci su za mene sve do kraja mog srednjoškolskog školovanja bili samo igračke kojima sam se poigravala. Tačno sam prepoznavala kada se nekom sviđam, čak i onda kada mi to nisu smeli, ili nisu hteli priznati. Očijukala sam sa njima, ali samo do izvesne granice. Taman toliko da ih dovoljno zagrejem za sebe, a onda bih se povlačila i pravila da ništa ne primećujem.

Očevi planovi vezani za moju budućnost su bili jasni i meni dobro poznati. Odmah nakon završetka škole krenuo je da mi traži posao, jer živeti u kući a ništa ne raditi i ne doprinositi, nije se moglo. Ali, naravno, kako je kod nas uvek bilo teško doći do posla, a moj otac nije imao nikakve "veze" koje bi mogao da potegne, nije sve išlo onako kako je on očekivao.

Dane sam provodila u kući, pomagala sam majci, a naravno o izlascima sam mogla samo da sanjam, jer niti je bilo novca za tako nešto, niti su "čestite i poštene devojke" kako je govorio moj otac, "lunjale gradom i tražile đavola".

Ni moja braća nisu mogla da biraju šta će da upišu. I jednom i drugom, otac je odredio šta će da budu. Nisu se bunili, a i da jesu, to ništa ne bi promenilo. Mihailo je išao na zanat. Učio je za auto-mehaničara i pod majčinim uticajem maštao o tome da jednog dana radi "privatno" i otvori svoju radionicu. Vremenom se malo "otrgao" i nije više bio onoliko plašljiv, ali je i dalje ostao previše vezan za majku. Mitar je učio za konobara. On je želeo da otvori svoj kafić.

Jedino ja nisam znala šta i gde bih mogla da radim. U sebi sam i dalje maštala jedino o tome da odem. Nisam ni slutila da će se to ubrzo zaista i desiti.

Odlazak

Jednog od mnogobrojnih istih i jednoličnih prepodneva, koja sam provodila pomažući majci u kuhinji, čisteći i ribajući po kući i po ko zna koji put raspremajući sobe i poluprazne ormare, na naša vrata je zakucao poštar. Još sa vrata je viknuo:
"Pismo za Nataliju! Plavi koverat!"
"Kakav plavi koverat, jadna ja?" - već je bila isprepadana majka.
U plavim kovertima jedino je oduvek, stizala službena pošta. Najčešće računi, pozivi za sud ili nešto slično. Brzo je pocepala ivice koverta i nervozno izvukla papir iz njega. Pogled joj je "leteo" preko slova, a onda je poskočila, zgrabila za ruku zbunjenog poštara i povukla ga u kuću:
"Uđi da popiješ kafu i rakiju! Uđi, uđi! Ovo zaslužuje čast!"
Meni, kao ni poštaru, ništa nije bilo jasno. Spustila sam u vanglu nož i krompir koji sam ljuštila. Majka me je sva ozarena pogledala:
"Zovu te da se javiš na biro rada! Daće Bog, da si dobila posao!"
Nisam znala kako da reagujem i da li uopšte da se radujem. Prvo, pismo u kom me pozivaju da se javim na biro, nije moralo da znači da sam dobila posao. Drugo, i ako sam ga dobila, to bi značilo samo ispunjenje snova mojih roditelja, a moje želje bi ponovo propale, ili bi barem put do njih bio znatno otežan. Zato sam stajala i bledo gledala u poštara koji je već "na brzaka" ispijao svoju rakiju, a kafu je odložio za neki drugi put, jer "ima još puno posla".

Toga popodneva, kada se otac vratio sa posla, već su skovani svi planovi i moja plata, koja još nije bila ni u najavi, raspoređena je na sve što je trebalo kupiti. Mene, po običaju, niko ništa nije pitao.

Čim je svanulo jutro, majka me je probudila, pronašla čak i šta da obučem, jer je ona tačno znala "u čemu izgledam lepo i pristojno". Pre nego što su radnici sa biroa rada i stigli na posao, već sam stajala ispred vrata.

Kući sam se vratila srećna i zadovoljna. Jedino, nisam znala koliko će biti zadovoljni moji roditelji. Mada, usput sam razmišljala - *bolje nije moglo ispasti. Trebalo bi da smo zadovoljni svi. Svima su, doduše nekom manje, nekom više, želje bile ispunjene.*

Bilo je tačno da mi je ponuđen posao i to je bilo po želji mojih roditelja. Ali, posao mi je bio ponuđen u drugom gradu, a to je već bilo bliže, mojoj želji.

Kao što sam i očekivala, moji otac i majka, nisu bili baš oduševljeni. Već isplanirane kupovine, odmah su pale u vodu. Ipak, posle dugotrajnog odmeravanja i vaganja šta je bolje, zaključak je bio da je ipak bolje da taj posao prihvatim, pa i ako ne bude neke "preterane koristi" od mene, barem "neću biti na trošku". Malo me je boleo njihov način razmišljanja, ali nisam dozvolila da to pomuti moju radost. Bila sam ubeđena da je to samo prvi korak, do ostvarenja mojih snova.

Dani do mog odlaska uglavnom su bili ispunjeni savetima "kako treba da se vladam", da ne smem da zaboravim da sam "iz poštene kuće", da ne smem zaboraviti oca, majku, braću, da štedim svaki dinar, da bez obzira što nisam više sa njima u kući, treba da im pomažem jer "ja ću biti sama, a njih četvoro ostaje da živi samo od očeve plate".

Sve savete sam slušala i neprekidno odobravala. Klimala sam glavom i sve obećavala, svesna da će se mojim odlaskom iz roditeljske kuće završiti jedno poglavlje moga života, iz kog, u mom sećanju, neće ostati mnogo lepih uspomena. Bilo je mnogo više onih tužnih i ružnih trenutaka koji će me peći dok me sećanje služi. Ipak, bila sam svesna da ne možemo birati, a ni promeniti svoje roditelje.

Sada sam svesna i toga, da je to prosto bilo i takvo vreme i da su moji roditelji, u to vreme, mislili da za mene čine najbolje... Oni su verovatno mislili da daju najviše što mogu. Moguće je da su u svojim očima mislili da su sasvim u pravu, jer za drugo i drugačije, nisu ni znali. Ali, ja sam i tad znala da mi od kako sam se rodila, nedostaje njihova ljubav i podrška. Tužno je da to što sam najviše želela, od njih, nikad nisam dobila.

Dan pre nego što sam trebala da se javim na posao, sa torbicom u kojoj se nalazilo nekoliko mojih stvari, majka je krenula sa mnom da mi pomogne da pronađemo smeštaj u gradu u kom sam dobila posao.

Prilično brzo smo pronašle jednu skromnu sobicu, u kojoj je već bila smeštena jedna moja koleginica sa posla. Na rastanku, majka me je poljubila, čak su joj i oči zasuzile, a moje ushićenje zbog odlaska od kuće splasnulo je zbog neočekivane tuge, ili možda još više straha, koji me je nenadano obuzeo.

Takvo raspoloženje me je začuđujuće, dosta dugo držalo. Koliko god sam se u prvi mah radovala što odlazim od kuće, jer sam mislila da ću se napokon spasiti od besnog oca i majke koja nikada nije imala lepu reč za mene, ipak su mi nedostajali. I oni i moja braća.

Bila sam u tuđem, nepoznatom gradu. Gledala sam iz dana u dan neke tuđe ulice i kuće, sve mi je bilo drugačije i tuđe, tuđe, tuđe...

Grad je bio mnogo veći od moga, a ja sam znala da sam u njemu sama i nezaštićena. Pored svega što mi je u mojoj, u našoj kući, smetalo i nedostajalo, u njoj sam se osećala sigurnije, ako ni zbog čega drugog, onda bar zato što sam imala osećaj da je u njoj sve nekako moje.

Dolaskom u novu sredinu, ništa više nije bilo "moje". Živela sam u tuđem gradu, stanovala u tuđoj kući, sa tuđom porodicom. Ni sa svojom "cimerkom" iz druge Republike, sa kojom sam delila sobicu, nisam se snalazila baš najbolje. Radile smo i stanovale zajedno, ali smo bile dva različita sveta.

Ona je bila starija i previše ozbiljna, a ja sam bila sušta suprotnost. Delile smo istu sobu, tako što bismo vreme uglavnom provodile sedeći i ćuteći svaka na svom krevetu. Retko kad se dešavalo, da nešto popričamo. Ona je čitala svoje novine, a ja moje romane. Jedino dobro je bilo to, što sam sad bar mogla da čitam do mile volje.

Domaćini, vlasnici kuće u kojoj sam stanovala, bili su dobri ljudi. Imali su predivnu devojčicu Ninu, sa ogromnim plavim očima i malim prćastim nosićem. Najsrećnija je bila kada mi se smesti u krilo, a i ja sam iskreno uživala, dok mi je tako, sedeći u mom krilu, postavljala bezbroj pitanja.

Domaćin kuće Mirko, bio je dobar čovek. Videlo se to odmah, u njegovom pogledu. Bio je malo oniži čovek, koji se verovatno teško mirio sa tim što je kosa, iako je bio još uvek relativno mlad, počela da ga napušta. Zato je na glavi pravio neki čudan i nelogičan razdeljak i kosu, prebacivao i ukrštao negde na temenu... Kad bi se pomerio ili kad bi dunuo vetar, dugački nepravilni pramenovi kose, lepršali bi oko njegove glave na sve strane, što je kod mene izazivalo napade smeha. Naravno, morala sam se kriti, da to ne primeti, inače bi sigurno ostao jako uvređen.

Ivana, njegova supruga, bila je mala ženica sa velikim plavim očima, koje je Nina od nje nasledila i stalno je nešto radila i "čeprkala" po kući. Veoma često je pravila kolače i kojekakve druge đakonije. Nikada nije zaboravila da njima ponudi moju cimerku Draginju i mene. Nama je najčešće bilo neprijatno da se poslužimo, ali ona je uvek uspevala "da nas natera" da jedemo. Odmah mi je prirasla za srce. Za nju su svi ljudi bili dobri, jer je pre svega ona sama, bila takva.

U njihovoj kući se osećala ljubav, sloga, mir i tišina što mi je kod mojih roditelja uvek nedostajalo. Ipak, ja se opet u toj kući, nisam osećala lepo. Bila je to tuđa sloga, tuđi mir i tuđa porodica, a ne moja. Kakvi god da su bili, moji su mi nedostajali. Nedostajao mi je moj preki otac i moja prgava majka. Najviše su mi nedostajala moja dva brata. Sa nestrpljenjem sam čekala kraj radne nedelje, da sednem u razdrndani stari autobus, koji je smrdeo na ulje i izduvne gasove i krenem prema svojoj kući. "Mojoj" kući. Kako god da je bilo u njoj, bilo je moje.

Otac se u međuvremenu smirio. Operisao je kičmu i valjda su uminuli bolovi koji su ga mučili i stvarali mu nervozu. Postao je drugačiji. Nije više podizao ruku na majku, valjda ga je bilo sramota da to čini sad, pred odraslom decom. Kako god, moja majka se napokon oslobodila batina.

Posao koji sam dobila, bio je u jednoj fabrici obuće. Šila sam gornje delove cipela u ogromnoj hali, sa još stotinak žena. Nije bio previše težak, ali je bio monoton i radilo se dosta, pa sam često bila umorna. Ipak, volela sam da vreme provodim u fabrici. Ako ništa drugo, bilo mi je lepo na pauzama.

Tada se oko mene se na sve strane čuo smeh, cika i žamor veselih, raspoloženih žena. To mi je prijalo, jer mi je to valjda uvek nedostajalo. Činilo mi se da svi oko mene žive sasvim drugačije nego što se živelo kod moje kuće, u kojoj su se čule jedino grdnje, prepirke, svađe i vika.

U sobici u kojoj sam stanovala, dok je Draginja noću hrkala na svom krevetu i dovodila me do ludila jer nisam mogla da zaspim, ja sam i dalje maštala.

Zamišljala sam svoj život negde, na nekom lepom mestu, gde nisam brinula o novcu, gde sam bila neko, ko ima svoje ja, ko sam odlučuje i zna šta je za njega najbolje. Svašta sam prebirala po svojoj glavi, sabirala i svodila račune. Takav odlazak od kuće i ono što sam od njega dobila, takav život kakav sam imala, nije bio ono što sam od života očekivala i što sam sebi zacrtala da postignem. Tešila sam se time da je i to nešto, da je to samo početak. Hrabrila sam sebe da možda sve ide polako, ali da će vremenom sve biti onako, kako sam oduvek želela.

I tako su prolazili dani. Nikako se nisam mrdala od početaka ostvarenja mojih snova. To "glavno što će doći", nikako nije dolazilo.

Plata mi je naravno bila "početnička", mala i nikakva. Jedva sam uspevala da je razvučem do kraja meseca. Deo novca sam morala da pošaljem roditeljima i braći. Plaćala sam kiriju, ponekad kupila i nešto da pojedem, a za "nešto lepo od garderobe", ili odlazak u bioskop, nisam nikad imala. Sve je odlazilo na to da se nekako prehranim i platim stanarinu.

Mrzela sam nemaštinu koja me je stalno pratila. Jedino sam ponekad mogla da odem do korzoa da prošetam. Nije više bilo oca pored mene da mi to brani, ali, svejedno se ni sada, tamo nisam osećala prijatno. Dok sam šetala, svuda oko sebe sam videla lepo obučene i doterane devojke u mini suknjicama koje su tada bile moderne i uvek mi se nametalo jedno te isto pitanje: *Odakle njima novac?*

Ja ga nisam imala, a sve više sam se pribojavala da ga nikad neću ni imati.

Sve više sam brinula gde su i da li će se ostvariti moja nadanja o lepšem i boljem životu. Moj život je sve više ličio na jedno veliko siromaštvo, na puko "krpljenje rupa", od početka do kraja meseca. A to je bilo nešto, što nisam želela sebi da dopustim.

Ja sam htela bolji život! U meni nije jenjavala želja za nečim boljim, lepšim. Po prirodi tvrdoglava i prkosna, znala sam u sebi i dalje, da moram uspeti. Imala sam pred sobom cilj, od kojeg nisam želela da odstupim i do kog sam morala doći. U dubini svoje mlade duše, znala sam da me negde, tamo daleko, čeka on, moj čovek iz snova. Veliki, jak, dobro situiran, čovek, koji će mi pružiti sve – ljubav, poštovanje, decu i izobilje. Samo, taj "on" nikako se nije pojavljivao. Ali, mojih osamnaest godina nisu imale strpljenja. Želele su sve to sad i odmah.

A onda, jednoga dana, usledilo je iznenađenje. Došla sam s posla i čim sam ušla u kuću, moja stanodavka, ta mala, dobra žena, koja je sedela u kuhinji sa nekim čovekom, doviknula mi je, čim sam otvorila vrata:

"Natalija dođi da te upoznam! Ovo je Mirkov rođak iz Zagreba."

Ugledala sam za stolom mladog, lepog čoveka. Doduše, ne baš kao iz mojih snova, ali sa lepim plavim očima.

U to vreme sam baš bila "slaba na plave oči". Verovatno zato, što su svi muškarci za kojima sam uzdisala i o kojima sam maštala čitajući svoje ljubavne romane, imali plave oči.

"Zdravo, ja sam Žarko", - prvi je progovorio, pružajući mi ruku - "došao sam da se pozdravim sa rodbinom. Za dve nedelje putujem za Nemačku. Idem tamo da radim!"

Oho, Nemačka! Blago tebi, - pomislih, i poželeh da sam na njegovom mestu. Nemačka je bila zemlja mojih snova. Toliko lepog sam o toj zemlji čula od ljudi koji tamo žive i rade. Dolazili su na odmor puni novca, velikim modernim kolima, lepo obučeni i nosili debele zlatne narukvice.

To bi bio život za mene! Daleko od ove provincije – pomislila sam sa setom.

Gazdarica je skuvala kafu, pa je pozvala i mene da je popijem zajedno sa njom i Žarkom. On je sedeo preko puta mene, ljubazno se smeškao i merkao me.

Nije mi bilo baš ugodno. Imala sam osećaj kao da sam na nekom ispitu ili na nekoj "stručnoj" analizi.

"Natalija, hoćeš li da izađeš večeras sa mnom na korzo?" – trgao me je iz misli Žarkov glas – "ne poznajem nikoga u ovom gradu, a voleo bih malo da prošetam."

"Hoću! Sačekaj samo da se spremim!" – odgovorila sam pre nego što sam i pomislila da bi trebalo malo da razmislim.

Kao da sam dobila krila, otrčala sam u sobu da se malo lepše obučem i doteram. Ne znam da li zbog njega, ili zbog Nemačke, ali želela sam te večeri da budem lepa.

Dok smo išli uskim uličicama prema korzou, krišom sam ga posmatrala. Bio je lepo obučen. Imao je dobro držanje. Hodao je pored mene visoko uzdignutog čela, ponosno i samouvereno. Delovao mi je kao pravi gospodin. Već sam po glavi počela da prebiram i razmišljam o tome, kako bi bilo kad bi bio moj.

Prvi put sam šetala po korzou, a da se nisam osećala odbačenom i manje vrednom. Šetali smo i razgovarali. Bili smo okruženi gomilom mladih ljudi, sličnih nama. Po njihovim licima, tačno se moglo raspoznati ko se sa kim druži, ko se kome sviđa, ko se kome udvara... Pored nas su prolazili i srećni, zaljubljeni parovi koji su se držali za ruke. Uživali su u svojoj sreći, a ja sam se pitala kako li u njihovim očima izgledamo Žarko i ja.

Žarko, kao da je pročitao moje misli, uhvatio me je za ruku i ja se nisam pobunila. Bilo mi je ugodno. Očekivala sam, ali nisam osetila nikakve "užarene trnce koji mi klize niz kičmu", kao u romanima. Bilo mi je samo ugodno.

Šetali smo tako ćutke. Tišina koja je strujala između nas, već je postajala neprijatna.

"Hoćeš li da kreneš i ti sa mnom u Nemačku?" – kao grom iz vedra neba pogodile su me njegove reči. Mislila sam da sanjam. To nije moglo biti istina.

Znali smo se tek dva sata, a on me je već pitao da li hoću da pođem sa njim. Nisam bila sigurna da li sam ja nešto pobrkala, ili je on izgubio razum.
"Šta to pričaš? Kako? Pa znamo se tek nekoliko sati?" – bila sam zbunjena.
"To nema nikakve veze! Neki ljudi se znaju godinama pa na kraju njihova veza ne uspe. Sviđaš mi se. Lepa si devojka..." – privukao me je sebi, zagrlio me je i poljubio.
Ja sam iz nekog, meni i sada neobjašnjivog razloga, počela da plačem. Sve mi se nekako skupilo. Sva tuga i sav jad, svo nezadovoljstvo koje me je godinama pritiskalo, mučilo me i stajalo u mom grlu kao klupko koje me je gušilo, jer nije bilo šanse da ga progutam. Klupko je sasvim neočekivano počelo da se odmotava. Sav godinama taložen čemer, počeo je da se izliva iz mene i da otiče, zajedno sa mojim suzama. Trebalo mi je dosta snage da se uzdržim, da ne zajaučem, da ne zakukam naglas, da ne počnem nekontrolisano i histerično da plačem.
"Nemoj da plačeš... Sve će biti dobro!" – pokušavao je da me uteši - "Sutra idemo zajedno u tvoju firmu. Daćeš otkaz i za dve nedelje, već ćemo biti preko!"
Bilo mi je lepo da slušam kako me ubeđuje, prijalo mi je, iako sam znala da je to neviđena ludost. Samo pre nekoliko sati, nisam ga ni poznavala, a za dve nedelje bi trebalo da budem njegova žena. Nisam čula u svom dotadašnjem životu za neki sličan slučaj. To bi, činilo mi se, bio najbrže moguće sklopljeni brak. Za samo dve nedelje! Uhvatio me je strah. U glavi mi je vitlao vrtlog svakojakih misli koje su međusobno ratovale:
Šta ja to radim? Oduvek maštam o nekakvoj velikoj ljubavi, a sada sam već spremna da razmišljam o tome da sa potpuno nepoznatim čovekom započnem zajednički život. Ne mogu biti baš toliki lažov, pa sebe ubediti da ga volim. On mi je

samo simpatičan... Ako bih pristala na tako nešto, bio bi to brak bez ljubavi.

A šta, uopšte, reč ljubav znači? Pored njega sam prvi put u životu osetila nekakvu nadu, nekakvu sigurnost. Ljubav će valjda doći vremenom, sama od sebe. Eto, volela sam Đorđa, pa me je on izneverio. A zašto i ne bih otišla s njim? Pristojno izgleda, ima karakter, to se vidi, ima i manire.

Koliko god da je sve to što mi se dešavalo bilo čudno i nepromišljeno, moram priznati da mi je i veoma imponovalo. Prvi put u životu sam se osetila vrednom i važnom pored njega.

"U Nemačkoj imam rodbinu. Oni će nam odmah naći stan i posao, tako da ne moramo ništa da brinemo" – hrabrio me je i uporno ubeđivao.

Poneta onim o čemu sam oduvek maštala, svojom ranjivošću i trenutnom slabošću, svojim željama da pobegnem što dalje od bede i siromaštva za koje sam jedino znala, verovatno i naivnošću i neiskustvom, pristala sam. Ubrzo sam ubedila sebe da je to pravo i idealno rešenje svih mojih problema. Želela sam da verujem, da će me on povesti do mosta, preko kog ću preći tu provaliju do ostvarenja svoga sna. Zahvaljivala sam Bogu, što me je napokon pogledao. Sve mi je odjednom izgledalo lepo, da ne može biti lepše. Srce mi je pevalo, i napokon sam se na neki način osetila srećnom.

Najteži deo je tek predstojao. Trebalo je otići do mojih roditelja i reći im da sam odlučila da se udam za praktično nepoznatiog čoveka i da sa njim odlazim u drugu, tuđu zemlju. Strašno sam se plašila njihove reakcije.

Krenuli smo do njih već sutradan. Očekivala sam i pripremila Žarka na očevu viku, majčinu kuknjavu i odbijanje. Očekivala sam pretnje, zabrane, svađu, a plašila sam se čak i toga da otac fizički ne nasrne na Žarka. Ali, ostala sam u čudu.

Otac je sav srećan, zagrlio svog budućeg zeta:

"Nego šta! Tako i treba! Samo idite! Nemačka je sila, jedino tamo možete pare zaraditi..."
Shvatila sam razočarano da su njemu bile najvažnije pare. Da li sam ja srećna ili ne, to ga nikad, pa ni sad nije brinulo. To mu nije ni bilo važno. On, koji je čitav život brinuo o mojoj časti i poštenju, nije ni trepnuo na to, što ću u Nemačku sa Žarkom otići nevenčana, jer nismo imali vremena da pre polaska obavimo venčanje. U mojoj "udaji" i u mom odlasku u Nemačku, ponovo je video samo korist za sebe. Po ko zna koji put osetila sam se izneverenom. Kao da je čekao samo da me se što pre otarasi. Pritom je i dalje smatrao mojom dužnošću i obavezom, da ga izdržavam i da brinem o njemu, majci, braći...
Majka me je prvi put u životu zagrlila i zaplakala. Nisam se ni trenutka zapitala koliko su iskrene njene suze i zašto su tek sad krenule da se slivaju niz njeno lice. Istog momenta sam joj oprostila sve. Oprostila sam joj što za mene nikad nije imala lepu reč, što me nikada nije zaštitila, podržala... Oprostila sam joj što mi je čitav dotadašnji život, uskraćivala svoju ljubav i svoje razumevanje, mada me ta uskraćenost i dan danas, sa mojih pedeset i devet godina, proganja i prati.

*****

Žarko i ja nismo imali puno vremena do polaska za Nemačku. Odmah smo započeli pripreme za odlazak. Radovali smo se boljem životu u toj "našoj" obećanoj zemlji. Sve se odvijalo u nekakvoj žurbi i trci. Činilo mi se da se sve to događa nekom drugom... sve je bilo kao u nekom snu.
Maštanja o toj dalekoj zemlji, punoj lepih obećanja, snova i nadanja, bila su na pragu svog ostvarenja. Čvrsto sam

verovala da je napokon kucnuo čas za početak ostvarenja svih mojih najlepših, dugogodišnjih snova.

Dve nedelje su za tren prošle u trci i jurnjavi. Tek kad smo seli u voz koji je iz Beograda krenuo prema Dizeldorfu, putujući ka novom, nadala sam se, boljem i srećnijem životu, postala sam svesna da je ovo moj pravi, konačni odlazak od roditeljske kuće i dotadašnjeg života.

Dok sam slušala monotono kloparanje voza koji se truckao po šinama i kroz prozor posmatrala živopisne predele kroz koje sam prvi put u svom životu prolazila, imala sam vremena da prvi put razmislim i o svom braku sa čovekom kog sam sada poznavala skoro pune dve nedelje.

Moj, još uvek nevenčani muž i ja, zapravo još uvek nismo ni bili intimni. Onu strast o kojoj sam u svojim romanima čitala, ja još uvek nisam doživela. Pre nego što smo seli u voz za Nemačku, prespavali smo jednu noć kod njegove sestre. To je bio prvi put da smo spavali zajedno, u istom krevetu i to je bila prva i jedina prilika za naš fizički kontakt.

Tada sam prvi put osetila miris njegove kože i – ostala sam razočarana. Odmah me je odbio. Bilo je to moje prvo razočarenje. Pitala sam se gde je i zašto nemam onaj osećaj ushićenja, onaj osećaj želje da pohrlim i uronim u zagrljaj muškarca koji leži tu, uz mene... Zašto nemam želju da se zalepim za njega, da mu ležim u naručju?.. Zašto nemam želju da se spojimo i da se nikada ne razdvojimo, kao u romanima?..

Ništa od toga nisam osetila, osim neprijatnog mirisa njegove kože... A seks... Probali smo, ali nije išlo...

"To je zato što sam te previše želeo. Verovatno je zato ovako ispalo" – postiđeno je šaputao Žarko – "kada dođemo u Nemačku, sve će biti drugačije. Ispravićemo to..."

Tako se završila moja prva bračna noć. Tužno i krajnje neuspešno.

Nije važno, tešila sam samu sebe. *Kad dođemo u naš lepi stan, sve će biti drugačije, pa i sa nama dvoma. Ovo je samo početak, ali, biće sve u redu.*

Tešila sam sebe, ali sam se istovremeno i plašila neizvesne budućnosti. U dubini duše sam se pribojavala da sam napravila veliku grešku kada sam pošla sa njim. Bila sam svesna da to što osećam prema Žarku nije ljubav. Možda samo neka trenutna privlačnost. Nije to bilo ono što sam čekala i o čemu sam sanjala celog svog života. Pitala sam se da li je to što postoji između nas, dovoljno za dug i srećan zajednički život. Sve više sam se plašila da nije. Ipak, želela sam da nam pružim šansu. Govorila sam sebi: *nikad se ne zna, život će pokazati!*

Nemačka

Od Dizeldorfa, do našeg krajnjeg odredišta Bilefelda, nisam mogla ni o čemu više da razmišljam. Osećala sam se kao Alisa u zemlji čuda. Zverala sam oko sebe, na sve strane, diveći se lepoti mesta kroz koja smo prolazili. Sve mi je bilo drugačije, lepše, urednije, uređenije, bogatije... Kuće, ulice, prodavnice, trgovi, automobili, ljudi...

Bilefeld je bio divan, veliki grad sa prelepim kućama i još lepšim terasama punim cveća. Meni, koja do tada nisam otišla dalje od Beograda, bilo je kao da sam u raju. Duša mi je bila ispunjena lepotom. Činilo mi se da mi srce peva: *Ovde je tako lepo, tu želim da provedem celi život!*

Došli smo do jedne lepe zgrade, sa nekih četiri do pet stanova i predivnim dvorištem.

"Evo nas, stigli smo. Ovde stanuje moj brat, a tu je i naš stan" – ponosno je rekao Žarko.

Međutim, pokazalo se da sam se prebrzo obradovala i previše ponadala. Naš očekivani lepi stan, zapravo je činila samo jedna jedina soba. To je ustvari bila preuređena neka pomoćna prostorija u toj zgradi, najverovatnije vešernica. Lavabo, kuhinja i kupatilo - sve se nalazilo u jednoj prostoriji.

U prvom trenutku je to za mene bio pravi šok... a onda sam se pomirila sa sudbinom. *Šta je – tu je, biće valjda jednoga dana bolje.*

Nazad nisam mogla. Gde sam mogla da se vratim? Nisam imala novca, a nisam više imala ni posao. Nisam više imala ništa i nikoga. Imala sam samo besnog oca i majku, koji mi tako nešto ne bi oprostili. Bila sam sigurna da bi me oni zgromili kada bih se vratila. A kakva bi tek bruka i sramota pukli pred komšijama i poznanicima...

Nije mi bilo druge. Znala sam da moram ostati i pokušati da izvučem iz ove situacije najbolje što se može.

I koliko god da nisam bila srećna i zadovoljna, polako sam se privikla. Dok je Žarko radio, ja sam čistila stan, prala i peglala, kuvala ručak na rešou.

Nisam mogla da radim, jer nisam imala potrebne papire, a nisam znala ni nemački jezik. Jasno, prvo sam morala naučiti bar da govorim nemački, jer bez znanja jezika nisam mogla da komuniciram sa ljudima. Osećala sam se kao da sam nema. Nemački sam, dakle, morala hitno da naučim, ali nisam znala kako. Ništa nije bilo tako jednostavno i nije teklo tako "glatko", kako smo nas dvoje zamišljali.

Tada sam shvatila zašto naši ljudi, kada odu da rade u inostranstvu, osećaju tugu i nostalgiju prema svojoj zemlji, čak i prema onom siromaštvu od kog i zbog kog su i pobegli. Shvatila sam zašto kažu – "tuđa zemlja je tuga velika".

Teško je kad si i u rođenoj kući, ali, u tuđoj zemlji, kad nemaš posao, nemaš ništa. Sa jednom platom nismo imali dovoljno ni za hranu. Bez venčanja – nisam mogla dobiti radnu vizu, a bez radne vize – nisam mogla dobiti posao. Postalo mi je jasno da otići u inostranstvo i snaći se, nije nimalo lako, a o lepom životu, bar u početku, nema ni govora. Potrebno je barem nekoliko godina napornog rada.

Morali smo što pre da se venčamo. Ako ni zbog čega drugog, onda bar zato da bih i ja mogla da radim.

Da bismo se venčali, Žarko i ja smo morali da otputujemo za Zagreb. To je bio još jedan dodatni trošak za naš ionako tanak budžet. Venčanje se moralo obaviti u Zagrebu, jer ja nisam imala potrebne "papire" da bismo to obavili u Nemačkoj. U Žarkovo rodno mesto koje se zapravo nalazilo u blizini Zagreba, stigli smo u petak u noć, a već u subotu pre podne je bilo zakazano venčanje u "mesnom uredu".

Mrtvi umorni i neispavani od puta, presvukli smo se u najlepše što smo imali u svom prtljagu. Ja u kratku plisiranu suknjicu, on u džins pantalone a oboje smo obukli i karirane košulje sa ogromnim, visokim kragnama, kakve su bile posebno moderne tih godina... Tek na venčanju sam upoznala svekra, svekrvu, kumove. Sama ceremonija je bila kao i naš prvi susret, moj pristanak da se udam za Žarka i moja odluka da sa njim pođem u Nemačku.

"Hoćes me?" – "Hoću te!" – i sve se završilo za tili čas.

Mislim da je to bilo najbezličnije i najbezveznije venčanje na svetu. Ni nalik onom o kom sam sanjala i o kakvom sam maštala celoga života. Na venčanju nije bio prisutan niko, osim malobrojne Žarkove rodbine. Od mojih na venčanju nije bio niko. Javili su mi da nemaju novca da dođu do Zagreba. Možda zaista i nisu imali, a možda nisu ni želeli da dođu. U svakom slučaju, sigurno su očekivali da im novac pošaljem ja, ali ja zaista, novca, nisam imala.

Odmah posle venčanja smo na brzinu nešto ručali i požurili da stignemo na noćni voz za Dizeldorf.

U duši sam nosila samo ogromnu prazninu. Nisam ni malo bila srećna. Ništa se u meni nije dogodilo. Kao da se nisam ni udala. Žarko je bio zadovoljan, jer smo i to obavili. Sve to mi je izgledalo kao da smo samo odradili neki posao, koji je morao da se uradi. Na sopstvenoj svadbi, ni na trenutak se nisam osećala kao mlada, kao srećna supruga... Naprotiv.

Osećala sam samo ogromnu provaliju u duši i srcu. Tugovala sam, a glumila sam da sam srećna, trudeći se da Žarko to ne primeti... I zaista, on nije ništa primećivao...

* * * * *

U međuvremenu, dobila sam potrebne papire i počela da radim u jednoj fabrici. Odmah sam se drugačije osećala. Imala sam barem svakoga dana neku obavezu i manje vremena da razmišljam o svom životnom promašaju. Počeli smo oboje da zarađujemo i odmah je bilo lakše. Skupili smo nešto novca i iznajmili malo veći stan koji je imao sobu, kuhinju i kupatilo. Mogli smo bar donekle normalno da funkcionišemo.

Sa boljom materijalnom situacijom i naši odnosi su postali bar donekle bolji. Dogovarali smo se o svemu, ali nešto je i dalje nedostajalo.

Svakoga jutra budila sam se sa svojim vernim pratiocem - sa velikom prazninom u duši. Osećala sam se kao da osim nje nikoga više ni nemam. U Žarku sam imala samo dobrog druga. Naš zajednički život, ako izuzmemo usiljene intimnosti, se zasnivao na jednom prijateljskom i drugarskom odnosu.

Sada sam bila udata žena, a ponovo nisam imala ljubav! Ljubav za kojom sam ceo život vapila, koja mi je uvek nedostajala. Ljubav, o kakvoj sam maštala, o kojoj sam sanjala... A bila mi je toliko potrebna!

Žarkov i moj seksualni život bio je sveden na obavezu. Na nešto, što je trebalo raditi da bi se dobilo dete, a dete se u braku dvoje ljudi, najčešće podrazumevalo. Sve se otaljavalo bez imalo želje i žara. Posle "odrađene obaveze", on bi se odmah okrenuo na drugu stranu , protegnuo, zevnuo i istog trena već utonuo u san. Nastavljao je dugo i nesnosno da hrče...

A ja, ja sam satima ostajala da ležim budna. Nezadovoljna, neispunjena i neostvarena. Često sam plakala, pazeći i vodeći računa da on to ne primeti - sama i nesrećna pored

muža u krevetu... Praznoga srca, prazne duše, prazne i jalove utrobe...
Sva sreća je da su se sada vremena promenila i da je danas drugačije. Sada prođe i po nekoliko godina pre nego što žena zatrudni i tome niko ne pridaje veliku važnost. U to vreme nije bilo tako. Čim se udaš, odmah je trebalo i da zatrudniš, inače su te svi smatrali "jalovicom". Takve žene, kao da su svima bile krive za svoju, ionako tešku sudbinu. O njima su svi u poverenju šaputali, ili ih u najboljem slučaju sažaljevali. A one su pristajale na sve. I da budu ostavljene i prevarene, da gaje decu svojih muževa sa drugim ženama... Mada, neretko, nakon razvoda se dešavalo da poneka od njih i zatrudni sa nekom drugim... To je samo bio dokaz, da se krivica za neplodnost u braku uvek svaljivala na ženu, a da to u stvarnosti nije uvek bilo tako.
Međutim, u to vreme ja sam bila neprekidno opterećena. *Možda sam neplodna* – sve češće sam pomišljala. *Možda sam i ja, jedna od njih* – razmišljala sam, plačući krišom na početku svakog novog mesečnog ciklusa.
Patila sam što vreme prolazi, a ja nikako da zatrudnim. Beba nije dolazila, a ja sam je tako silno želela.
Počela sam sve više da se povlačim u sebe. U mojim očima, svako ko bi se zagledao, mogao je videti jedino tugu. Tugu, zbog toga što beba ne dolazi, tugu zbog Žarka, mene...
Mučilo me je svakodnevno što život koji sam vodila, nije bio život koji sam očekivala. Život ispunjen ljubavlju i strašću o kakvoj sam u romanima čitala. Drugarstvo i poštovanje koje smo međusobno osećali, nisu bili dovoljni za jedan dug i srećan zajednički život.
Na sve sam zaboravila onog dana, kada sam saznala da sam trudna. Bio je to najsrećniji dan u mom životu. Shvatila sam to još sa izostankom mesečnog ciklusa, ali sam čekala potvrdu od lekara. Kada mi je on to i zvanično saopštio, mislila sam da ću poleteti.

Nakon toliko dugotrajnih pokušaja – bila sam trudna! Bila sam neizmerno srećna. Bila je to ogromna radost za oboje! "Hvala Bogu, ženo!" - Žarko je imao običaj da me tako zove - "sada ćemo imati i sina" – sav je sijao od sreće. "Možda će biti curica! Ja bih baš volela da rodim jednu malu devojčicu!" – suprotstavljala sam se ja.

Ne znam zašto sam bila opsednuta time da ću roditi devojčicu. Verovatno sam želela da toj curici pružim svu onu ljubav i pažnju, svo razumevanje, zagrljaje i poljupce koji su meni nedostajali i koje nikad nisam imala i ni od koga dobila.

Tako sam nošena svojim ubeđenjem otišla i pokupovala sve za bebu u roze boji, uključujući i svu garderobu koja će joj trebati.

A onda sam ostala zatečena. Rodio se Stefan. Bio je najslađa beba koja se ikada rodila! Lep, sa krupnim očima i dugom, crnom, kovrdžavom kosicom. Moja prva radost i moj ponos. Takvu radost, mogu osetiti samo majke, koje su dugo želele i iščekivale blagoslov majčinstva. Tu radost je nemoguće opisati. Ona se jedino može srcem osetiti. Rodio se moj sin, moj prvenac, moja sreća! Mislim da niko na celoj zemaljskoj kugli nije bio srećniji od mene kada sam ga prvi put uzela u naručje. Želela sam da ga upijem u sebe.

Stefan je bio velika, teška beba. Često je plakao i uvek je bio gladan. Rastao je kao iz vode, kako kažu naše bake. A od prvog dana je bio lep i ličio na veliku bebu-lutku, kakva se mogla kupiti samo u skupocenim nemačkim prodavnicama igračaka. Dok sam ga šetala i vozila po parku u kolicima, Nemice su začuđeno zastajale i zagledale ga. Govorile su mi da tako lepo dete nikad nisu videle, a ja – ja sam bila preponosna.

Ali, uživala sam po ceo dan sa svojim sinom, vrlo kratko. Dva meseca nakon njegovog rođenja morala sam da počnem da radim. Takav je bio nemački zakon.

Ponovo su nastali problemi – šta sa njim, gde ga ostaviti, ko će ga čuvati? Ja sam morala da radim, jer nije se moglo živeti sa jednom platom.
Počele su selidbe od jedne do druge bebisiterke... Duša me je bolela što nisam mogla da budem sa njim. On je plakao, tražio mamu, ali, nije vredelo. Tako je moralo i ništa se nije moglo promeniti. Taj period je trajao sve do njegove treće godine.
Bila su to teška vremena za sve nas. U međuvremenu sam počela da radim u bolnici i iznenada se ukazala šansa da moj sin bude primljen u obdanište koje se nalazilo u sklopu bolnice, u kojoj sam ja radila. Tada se sve izmenilo nabolje. Kad sam dolazila na posao, ostavljala sam ga u istoj zgradi u kojoj radim, a nakon posla, zajedno smo išli kući. Stan u kom smo živeli, nije bio daleko od bolnice.
Stefan i dalje nije voleo da ide u školicu. Želeo je da ostane sa mnom, ali je to bilo nemoguće. Morao je. Vaspitačice su ga volele jer je bio vesele prirode. Plakao je samo kad smo se rastajali, ali bi se brzo smirio. Bio je natprosečno inteligentno dete, omiljeno kod svih. Svi su ga voleli i mazili. Sa decom je naučio da priča nemački, svirao je klavir još u obdaništu i postavljao po hiljadu pitanja dnevno. Sve je hteo da zna.
Jedno od njegovih pitanja i danas izmami osmeh na mom licu, kad god ga se setim. Dok smo se jednom šetali posle mog posla i njegove školice, ugledao je u parku trudnicu. Zagledao se u njen stomak i sav radoznao, krupno otvorenih očiju me upitao:
"Mama, jesam li ja imao cipele u tvom stomaku?"
Svašta se vrzmalo po toj maloj glavi!
U našim životima sve je, vremenom, krenulo nabolje. Radili smo i solidno zarađivali oboje.
Ipak, svaki dan je ličio na prethodni, ali i na sledeći. Moj život se odvijao na relaciji kuća – posao – dete, ali sve to je

bilo praćeno nekakvim teškim nezadovoljstvom i nostalgijom. Jedino, nikako nisam mogla da dokučim za čim. Za roditeljima, za rodnim gradom, za Srbijom, svakako nije. Uvek sam želela da pobegnem što dalje od Srbije i života kakav sam imala kod kuće. Eto, otišla sam daleko, a opet sam bila nezadovoljna. Osećala sam se kao starica. Bila sam jedna umorna, nezadovoljna, istrošena žena. Jedina radost, bio mi je Stefan.

A onda sam shvatila. Ljubav! To je ono što mi je nedostajalo. Nisam imala kome da se poverim i izjadam. Znala sam da me od ono malo prijateljica koje sam imala, nijedna neće razumeti. Svaka kojoj bih tako nešto rekla, pomislila bi da nisam normalna i pitala me šta još više hoću od života... Imam muža, predivno dete i relativno lep život... Gledano sa strane, svako bi rekao, a mnogi su bili uvereni, da smo najsrećnija porodica na svetu.

A nismo bili. Među nama je bila praznina. Ogromna šupljina i ja sam to osećala. Svom svojom dušom! Često sam imala osećaj da mi je sopstvena koža tesna. Da sam zatvorenik u njoj i da želim napolje. Na slobodu! Žarku, nije ništa smetalo. Za njega je sve bilo u redu. Njemu je bilo važno i dovoljno da ima da jede, da popije, da smo svi zdravi...

Više ništa mu nije trebalo. A ja sam tugovala. Vremenom se tuga pretvorila u patnju. Iz dana u dan, bilo mi je sve gore.

Odmore smo provodili kod Žarkovih i mojih roditelja. Pred njegovim sam uvek glumila da je u našem braku sve u redu. Da sam srećna i zadovoljna. Svraćali smo obavezno i do Mirka i Ivane. Njihova Nina je već bila velika devojčica, ali je volela da se igra sa Stefanom. Ni sa Ivanom nisam mogla da pričam o onom što me muči. Koliko god da je ona bila divna žena, ipak je njen muž bio Žarkov rođak. Oni me sigurno ne bi razumeli.

Moji su se radovali našim dolascima, ili mi je bar tako izgledalo. Naravno, uvek smo im donosili poklone, ali davali i novac. Mada, sada su i oni bolje živeli. Moja braća su u međuvremenu završila svoje zanate. Mihailo se vremenom malo otrgao. Nije više bio onako plašljiv. Završio je za automehaničara, otvorio svoju radionicu i napokon radio "privatno". Jedino je i dalje ostao previše vezan za majku. Njene želje i naređenja su za njega bile zakon. Želeo je uvek da bude dobar u njenim očima, a to mu je kroz život donosilo samo probleme.

Mitar je završio svoju ugostiteljsku školu, za konobara. To mu je kasnije pomoglo da otvori svoj kafić. Međutim, nikako ga mesto nije držalo. Brzo ga je i zatvorio, a potom je i on otišao da živi u inostranstvu. Otišao je u Francusku.

Nikada nisam zaboravila majčine suze koje su potekle onoga dana kada je čula da odlazim za Nemačku. Duboko u sebi, želela sam da su one sprale svo njeno nerazumevanje i njenu netrpeljivost prema meni. Da su izbrisale jaz koji nas je delio i da u njoj napokon imam majku na koju mogu da računam. Ipak, prevarila sam se. Nije bilo tako.

Kada sam došavši na odmor pokušala da razgovaram sa njom na temu onoga što me muči, kada sam joj se poverila, njen komentar je bio:

"Treba tebi dati preko dupeta! Ne znaš ti šta hoćeš!"

Bilo mi je krivo što sam joj išta i govorila. Ali već je bilo kasno. *Ono što je rečeno, rečeno je* – pomislila sam i pokajala se zbog svoje lakomislenosti.

Nisam mogla oprostiti sebi što sam zaboravila da od svoje majke nikada i ni u čemu nisam niti ću, dobiti reč podrške. Tako nešto, za nju, barem kad sam ja u pitanju, nije moglo da postoji. A onda, opet, takva nesigurna u sebe, kakva sam bila, počela sam da prekorevam sebe.

Sve češće sam razmišljala: *Da li je greška u meni? Isto bi mi rekli svi u mom okruženju. Možda je moja majka u pravu... Šta još više hoću od života? Možda ja preterujem! Uvek sam nezadovoljna i uvek tražim i hoću više!* Obuzimao me je sve

više onaj grozan osećaj krivice, koji sam tako mrzela i koji mi nije davao mira... *Možda sam ja krivac što između mene i mog muža nema ljubavi, što nema prave ljubavi i povezanosti.*
Ali, osećanjima nije moguće komandovati.

Koliko god da sam izbegavala sve razgovore na temu braka, ljubavi i bliskosti sa mužem, među ženama koje sam poznavala na poslu, ili koje su s vremena na vreme dolazile kod mene na kafu, takve teme su bile česte. Obično sam u tim trenucima ćutala, ili pokušavala da promenim temu, jer sva njihova hvalisanja su me duboko pogađala. Osećala sam se loše, jer nisam mogla da lažem, a istinu nisam smela i mogla da kažem.

"Moj Sloba i ja se volimo svakoga dana!" – kikotala se zadovoljno Radmila, jedna od naših poznanica sa kojom smo se redovno družili. A i videlo se da se vole, da su bliski. Videlo se u njihovim pogledima da su jedno. Celina koju su činile dve osobe. Oni su bili ispunjeni i potpuni.

Žarko i ja to nismo bili. Sve je u našem braku od jutarnjeg buđenja do sna, bilo ustaljeno i po navici. Sve što smo radili, bilo je kao po nekom zacrtanom šablonu. Kao po unapred utvrđenom dogovoru. Sve se podrazumevalo, pa se uz sve ostalo i naš seks nije razlikovao od bilo čega drugog u našem braku – on je bio samo još jedna otkačena tačka dnevnog reda u našem ustaljenom nedeljnom rasporedu. Po pravilu i uvek bez intimne potrebe, bez strasti i bez prave ljubavi.

Svaki put iznova, dolazila sam do istog zaključka - da kod nas nema prave "hemije", pravog sklada, da nešto nije u redu i da mi nikada nismo ni bili jedno za drugo.

Dok sam nezadovoljna i razočarana u tami sobe posmatrala igru senki i svetlosti na zidu, slušala Žarkovo hrkanje i prebrojavala automobile koji su prolazili ulicom, maštala sam o nečem drugom, dalekom i nedostižnom – o pravom osećaju kada svakim delićem svoga tela osećaš da nekoga voliš i da si od tog kog voliš, podjednako voljen.

I opet, po ko zna koji put me je proganjao taj osećaj krivice. Neprekidno me je pratio osećaj da sam ja sama kriva za sve. Plašila sam se da sam možda rođena kao nezadovoljna osoba, isto kao i moja majka. Bojala sam se da je to možda osobina koju sam nasledila od nje.

Kako je vreme prolazilo, sve češće me je sasvim stidljivo, počela kopkati misao da treba da potražim to što mi nedostaje. Da potražim ljubav i nežnost, koje u braku nisam imala. U početku sam takve misli odbacivala s gnušanjem, a onda sam se vremenom navikla na njih. Na kraju sam prihvatila tu ideju, kao nešto što ne bi bilo tako loše pokušati. Ali kako? Gde? S kim?

Niko nije ni pokušao da mi se udvara, izuzev mog šefa Nemca, koji je bio baš po mojoj meri. Lep kao bog, crn, sa plavim očima. *Opet te plave oči* – razmišljala sam. Ipak, svog šefa nisam htela. Činilo mi se da je to previše rizično. Zajedno smo radili i sve bi se odmah primetilo. A kako nisam imala nikakvog iskustva u takvim stvarima, ne znam ni sama kako bih se snašla u celoj toj situaciji.

Ostalo mi je samo da se nadam da ću naići na čoveka sa kojim ću moći da osetim sve ono za čim sam žudela. Bila sam rešena - *Čekaću... Videću šta ću i kako ću, kada za to dođe vreme i ako se takva prilika ikada ukaže.*

U meni se polako rađala odluka da u svom životu moram nešto suštinski da promenim. Da moram učiniti nešto, što će me osloboditi tako nagomilanog nezadovoljstva. Jedino što nisam bila sigurna, šta je to što tačno hoću i koliko snage imam, jer sam želela sve da promenim. Da stavim tačku na ceo svoj dosadašnji život i potražim novi.

Mnogo lakše mi je bilo predefinisati šta je to što želim i šta hoću, nego odlučiti i pronaći način kako to da ostvarim.

Isto, kao što sam, dok sam bila devojčica, sebi kao cilj zacrtala da ću otići iz roditeljske kuće i pobeći od siromaštva i nemaštine, tako sam sada sebi postavila cilj da želim lepši i srećniji život od ovoga koji imam. Duboko u sebi sam verovala da će i to doći, pre ili kasnije. Nekako sam to znala i osećala.

U svojim maštanjima uvek sam videla visokog, krupnog čoveka, koji je spreman da me nosi na svojim rukama i u svemu mi ugađa. Volimo se, u svemu uživamo zajedno, imamo još dece i srećni smo, okruženi blagostanjem.

* * * * *

Od ostvarenja mog sna, nije bilo ništa. Moj brak je nekako iz meseca u mesec preživljavao. Preživljavali smo nekako i mi u njemu do kraja meseca i trudili se da pomalo štedimo. Sakupili smo nešto novca i kupili plac u Srbiji, sa namerom da sebi sazidamo kuću.

Posle kupovine tog placa, malo sam se smirila. Govorila sam sebi da će možda doći bolja vremena i za nas dvoje. Imali smo predivnog sina koji je, bar donekle, popunjavao moju ogromnu prazninu u duši. On je bio najsvetlija tačka u mom životu. Kupili smo i taj plac, imaćemo sopstvenu kuću. Rodila se i nova nada da će i naš zajednički život biti bolji. Želela sam da verujem, da ćemo se možda i Žarko i ja jednom zbližiti, ili čak zavoleti. Ta nada mi je davala malo volje za životom.

Radovala sam se toj našoj, još nepostojećoj kući, koju ćemo jednog dana imati. Dušu su mi ispunjavala maštanja o tome kako će naš sin imati svoju sobu, samo za sebe, kakvu sam ja oduvek želela, a nikad nisam imala. Da će imati prelepo sređeno dvorište, u kom će moći da se igra do mile volje. Tako su u mojim maštanjima i nadanjima, prošle još tri godine.

Stefan je već porastao, kada sam saznala da sam ponovo trudna. Tokom trudnoće sa Stefanom, nisam imala nikakvih sumnji da će sve biti u redu. Bila sam sigurna da ću roditi zdravu bebu i da će sve biti kako treba. Ali, za vreme moje druge trudnoće, počele su da mi se događaju neke čudne stvari, koje će se kasnije mnogo puta događati, na sličan način...

Tada, kada su se tek počele javljati, nisam ih shvatala, pa im nisam pridavala neki bitan značaj, ali kasnije, sa godinama, postala sam mudrija. Počela sam da prepoznajem da me, meni neka nepoznata sila, vodi nekim, samo njoj poznatim putevima i daje mi znake i poruke koje bih trebalo da prepoznam. Dugo ih nisam razumevala... Danas ih i te kako razumem, prepoznajem i tražim.

Bila sam presrećna zbog svoje trudnoće. Želela sam, da napokon, rodim svoju curicu i da Stefan dobije jednu divnu sestricu. Ipak, pored radosti, u duši sam osećala i neki potajni strah, a nisam znala odakle on dolazi i zbog čega. Stalno sam strepela da nešto neće biti u redu.

"Mani se, ženo, glupih razmišljanja! Zašto ne bi bilo u redu? Stefan je normalno i zdravo dete! Redovno ideš na kontrole i sve je kako treba." – ljutio se Žarko, kada bih mu se požalila.

Ipak, nisam bila u stanju ništa da kupim za bebu. Jednostavno, nije mi se dalo.

Noć pre porođaja, sanjala sam čudan san. Sanjala sam kako koračam bosonoga po livadi, posutoj raznobojnim poljskim cvećem. Bosim stopalima, gazila sam rascvetale nežne latice, a one su vragolasto golicale moje tabane. Radosno sam poskakivala šireći ruke i grabila u naručje ogromno prostranstvo koje se prostiralo ispred mene.

Iznenada sam začula glas, koji me je izdaleka dozivao. Bio je to glas mog pokojnog dede, mog dragog dede kog sam jedino volela i jedine osobe koja je mene volela. Mog dede, koji je ličio na Isusa... Dovikivao je moje ime. Koliko god daje bio dalek, njegov glas je postajao sve jasniji.

Dovikivao mi je da se vratim, da ne idem dalje. Ali, livada puna cveća kojoj se nije nazirao kraj, mamila me je. Kao da me je to nepregledno šareno prostranstvo opčinilo svojom lepotom. Trčala sam, kao da bežim od tog dragog glasa, padala na kolena, ustajala i krupnim koracima grabila dalje, a on je vikao da stanem, da se vratim, da je još rano.

Išla sam dalje, gazila cveće čije su stabljike bile sve više, a latice sve krupnije. Cvetovi su mi najpre dodirivali kolena, potom bedra. Rasli su ispred mene. Na kraju sam se jedva probijala kroz njih jer su premašili i moj stomak i grudi... Više mi nisu bili tako lepi.

Delovali su preteće i sve više su me plašili. Od dedine uspaničene vike, od besomučnog dozivanja moga imena, iznenada sam se probudila. Drhtala sam zbog nekog neobjašnjivog straha koji sam osećala, panike i predosećanja da će se nešto strašno dogoditi. Bila sam očajna, jer nisam znala, ali sam naslućivala šta...

"Bože, pomozi molim te, samo da sa mojom bebom bude sve u redu!" – šaputala sam.

Preklinjala sam Boga i tresla se od straha, kao da sam u groznici.

* * * * *

Kada je svanulo, dobila sam bolove. Nije mi bila prva trudnoća, dobro sam znala šta sledi. Porođaj je počeo. Usledio je hitan odlazak u bolnicu. Za kratko vreme našla sam se na porođajnom stolu.

"Diši! Diši duboko! Sad se napni! Guraj! Guraj!" – davao mi je instrukcije moj ljubazni doktor.

Trudila sam se svim silama da odradim baš sve što mi je savetovao. Trudila sam se, ali nešto nije išlo kako treba. Beba kao da nije imala želju da napusti toplinu moje utrobe. Napinjala sam se i gurala svom snagom. Mislila sam da će mi oči iskočiti iz očnih duplji.

Uz bolan urlik koji se otrgao iz mojih usta, salom za porođaje se razlegao i tih plač moje tek rođene bebe. Udahnula sam sa olakšanjem, oslobođena teških porođajnih muka. Već sam zaboravljala na njh dok sam pogledom tražila moju malenu devojčicu. Videla sam kako je babica pere ispod mlaza vode, ali sam videla i doktorku - pedijatra, koja prilazi, zagleda je i sluša stetoskopom otkucaje njenoga srca i disanje.

"Pokažite devojčicu mami" – rekla je doktorka.

Ugledala sam prelepu devojčicu prćastog nosa, blago otvorenih ustašca i krupnih, širom otvorenih plavih očiju. Gledala me je pravo u oči, kao da zna ko sam. Imala sam utisak da svojim pogledom želi nešto da mi kaže. Istog trena sam poželela da je uzmem u naručje, da je privijem na svoje grudi, da joj tepam, da je milujem... Znala sam da mi je neće dati, zato sam pokušala da je celu obuhvatim svojim pogledom.

A onda, ugledala sam njene ručice i nožice... Delovale su mi previše debele, nekako previše krupne u odnosu na ostatak tela. Nekako natečene...Uočivši moj začuđeni izraz lica, doktorka je prišla mom krevetu. Stegla mi je ruku i tiho mi se obratila:

"Gospođo, žao mi je. Devojčicu moramo hitno prebaciti na specijalnu dečju kliniku na ispitivanje. Mislim da ste i sami uočili da sa njom nešto nije u redu. Mislim da je u pitanju urođena anomalija srca... Znam u kakvom ste stanju, ali vas molim da to razumno prihvatite i da sačekate da vidimo rezultate analiza koje se moraju uraditi. Ostaje nam jedino da verujemo i da se nadamo da će sve biti u redu."

Sve je počelo da se vrti oko mene. Lik doktorke deformisan i pretvoren samo u usta koja ponavljaju ...*sa njom nešto nije u redu... urođena anomalija srca... sa njom nešto nije u redu... urođena anomalija srca...* smenjivao se sa slikom uvećenih nogica i ručica moje devojčice. Okretala se oko mene i cela sala za porođaje, sa sve instrumentima naslaganim na kolicima pored stola, pretvarala se u ogromnu livadu sa džinovskim stabljikama poljskog cveća. Videla sam ponovo sebe kako koračam po toj livadi prema svetlosti i čula glas dede koji me doziva.

Trudila sam se da ostanem budna, ali sam znala da gubim svest... Poslednje što sam videla bile su ruke koje moju devojčicu, moju Irenu, odnose od mene, tamo, prema toj svetlosti. Iz neizdrživog belila, u kom je nestajao njen lik, gledale su me još jedino krupne, plave oči, koje kao da su želele da zauvek upiju moj lik. Oči koje kao da su svojim nebeskim plavetnilom govorile da me vide prvi i poslednjii put... Oči, za koje sam u svom srcu koje se cepalo, znala da su njene i da me gledaju prvi i poslednji put...

Ne znam koliko dugo nisam bila svesna. Ne znam ni šta se sve u međuvremenu dešavalo. Kada sam se probudila, jedino sam znala da su moju devojčicu otrgli i oteli od mene.

Nikad je više nisam videla. Koliko god da su se svi u bolnici trudili da budu pažljivi i ljubazni prema meni, nisam ih podnosila. Znala sam da nisu oni krivi, ali svoju bol sam preobratila u mržnju najpre protiv sebe i Žarka, a onda i svih onih koji su imali bilo kakvih dodirnih tačaka sa smrću moje devojčice.

Od tog trenutka, do danas, osećam jednaku bol. Sada sam samo navikla da živim sa njom. Tada sam mislila da ću umreti. U suštini, to sam i želela.

Nebrojeno puta sam razmišljala o tome - šta je deda u snu hteo da mi kaže... Da li je želeo da me "upozori i pripremi" na smrt moga malog anđela? Da me upozori da ću i ja umreti ako budem nastavila da idem dalje? Nikada nisam otkrila odgovor.

Bilo mi je jako loše posle porođaja. Još dugo sam ostala u bolnici. Najteže mi je bilo što mi nisu dozvolili da odem ni na sahranu moga deteta...

"Ako bude išla na sahranu, slobodno možete da pripremite još jedan sanduk!" – ozbiljno i energično je rekao moj doktor.

Najteže mi je bilo što mi nisu dozvolili ni da se oprostim od mog anđela. Odneli su je zauvek od mene. Da sam barem jednom mogla da je prigrlim u svom naručju, da bar jednom osetim dodir njenog majušnog tela, da je omirišem... Možda sam mogla da joj dam malo svoje snage, da joj pomognem da ozdravi, da se što pre vrati u moje naručje i usreći naše živote. Odneli su je daleko od mene i više je nikad nisam videla. Moju devojčicu, imala sam svega nekoliko kratkih minuta... Umrla je šest dana kasnije. Zajedno sa njom, umro je i veliki deo mene...

Sahranili su je u malom belom kovčegu, kao pravog malog anđela. Sa njom su sahranili i deo moje duše. Rekli su mi da je umrla zbog srčane mane i neke, njima nepoznate bolesti, za koju nisu znali da kažu ni da li je nasledna, niti odakle, ili od koga potiče.

Za mene više ništa nije postojalo. Samo bol i osećaj nesnosne krivice da sam zakazala kao majka, supruga i žena. Izgubila sam svoje dete!!! Moje, tek rođeno dete...

Krivila sam sebe... Nikoga nisam želela da vidim, nikoga da čujem. Želela sam samo da zatvorim oči i umrem, da nestanem. Svi su mi smetali. Mrzela sam sve! Prokletu Nemačku, Žarka, koleginice koje su bile uvek uz mene, časne sestre iz te iste bolnice u kojoj sam radila!

Gledala sam tužno u Stefana, mog milog sina i nisam imala ni snage ni hrabrosti da se bar njemu posvetim. Plašila sam se da ću i kod njega nešto da zabrljam... On je instinktivno, osećao da više nisam ona ista, stara mama koju je imao. Pokušavao je naivno, dečje, da me uteši, da mi stavi do znanja da sam mu potrebna. Savijao je ručice oko moga vrata, mazio se i molio me da ne plačem:

"Mama, rodićeš drugu Irenu! Nemoj više plakati."

Bio je još uvek pravo dete... U njegovom umu, sve je bilo tako jednostavno rešivo. Nije znao da je to nemoguće...

Na svu sreću, uprkos strašnom bolu, ostao je u meni delić normalnog razuma. Shvatila sam da to, kako se ponašam prema svom sinu, nije ispravno. Da ću tako zaista napraviti nešto još gore i dokazati da sam loša i neodgovorna majka. Shvatila sam da Stefanu moram pružiti svu ljubav koja je u meni preostala, jer je bio isuviše mali da bi delio toliku tugu sa mnom.

Nisam mogla, niti smela da mu uskratim ono što mu pripada – svoju, majčinsku ljubav. Morala sam ići dalje, htela to ili ne. Imala sam moga Stefana...

Zaista su ti meseci bili teški za mene. Nisam imala volje da živim, a morala sam. Jedino mi je pomisao na mog malog sina davala snage da opstanem i da istrajem.

Počela sam polako i sa teškim naporom da se vraćam u život. Ali, ionako ogromna praznina, koja se pretvorila u rupu i bol koji sam osećala u duši, doveli su do toga da sam želela samo jedno - da se vratimo kući. Tamo, gde me više ništa i niko, neće podsećati na Nemačku. Na zemlju, koja mi je zauvek oduzela ono, što mi je bilo najmilije. Zemlju, u kojoj ću zauvek ostaviti grob svoga deteta.

Za mene, Nemačka je bila kriva što više nemam svoju curicu. Mrzela sam iz dubine duše tu zemlju i sve u njoj. Doživljavala sam je kao jedinog krivca i najvećeg neprijatelja mojoj sreći i miru, koje sam tako jako želela. Posle svega, želela sam više od svega, samo da se oslobodim bola koji me je kidao.

Povratak u Srbiju

Na moje insistiranje, posle nekoliko meseci, vratili smo se u Srbiju... Iako sam morala da se pomirim sa tim da su moji snovi o odlasku, snovi o boljem i srećnijem životu na nekom drugom mestu i u nekoj drugoj zemlji, pali u vodu, želela sam da odem, da pokušam da zaboravim svoju najveću bol.

Mislila sam da će mi sa povratkom u moju zemlju biti lakše. Da ću lakše preboleti, pre zaboraviti... Ali, prevarila sam se... I dalje sam kao preteško breme nosila u sebi svoju tugu. Veoma brzo sam shvatila da bekstvo i daljina od mesta na kom je ostao grob moje ćerke, ne mogu izbrisati tu tešku patnju. Naprotiv, bilo mi je još gore.

Nisam više mogla otići ni na grob svoga deteta i barem tako osetiti njenu blizinu, isplakati se, izjadati joj se i reći sve one nežne reči ljubavi koje sam nosila u sebi, a koje nisam uspela da joj izgovorim. Za mene je sve još više išlo naopako i sve je bilo svakim danom još gore.

Žarko je sve to preživljavao i razrešavao na svoj način. To što nikada nismo bili dovoljno bliski, dovelo je do toga da smo se posle svega što se izdešavalo, još više udaljili. Niti je on brinuo šta ja preživljavam, niti je mene interesovalo šta on oseća. Jednostavno, nismo više bili zainteresovani jedno za drugo. Povratak kući, sve više je ličio na početak kraja između nas. Smrt naše male Irene, napravila je još veći jaz među nama i podigla ogroman zid ravnodušnosti sa obe strane.

Bilo mi je sasvim svejedno kuda ide i šta radi. Isto tako i njemu. Živeli smo zajedno, samo da bi se zvalo da smo još zajedno i da zajedno podižemo naše zajedničko dete... Bio je to brak iz čiste navike, ravnodušnosti i nezainteresovanosti...

Stefan je rastao što bi naš narod rekao - kao iz vode. Barem on je bio srećan i zadovoljan. Igrao se sa ostalom decom na poljani ispred kuće koja se još uvek zidala. On mi je bio jedina radost. Samo on i niko više.

Zidanje kuće bilo je jedino što je uspevalo da mi zaokupi misli. To je bila i jedina dodirna tačka i tema o kojoj smo Žarko i ja razgovarali. Zbog toga smo u drugi plan stavljali naše jadne i obesmišljene živote.

Jedino preokupiranost radovima na kući, mogla je da mi obezbedi bekstvo od bola i svih drugih problema i potreba u mom životu. Značilo mi je to što ću imati svoju kuću, što po svojoj želji pravim planove gde, šta i kako ću namestiti i urediti.

Potrošili smo svu uštedjevinu koju smo doneli iz Nemačke, ali ozidali smo je. Bila je velika i po potrebi, mogla se podeli na dva komforna stana. Opremili smo je sa nešto starog nameštaja, onog kog smo već imali. Ipak, bilo mi je lepo i bila sam zadovoljna. Bila je to moja kuća... Naša kuća...

Za nju smo se oboje dosta žrtvovali i radili. Iako nismo uspeli da je opremimo onako kako smo želeli, tešili smo se da ćemo vremenom, polako, kupovati i sređivati ono što nedostaje.

A onda, kao grom iz vedra neba, desilo se da sam saznala da sam opet trudna. Obuzeo me je paničan strah. Plašilo me je da se ne ponovi strahota koju sam doživela sa Irenom...

Stefan je bio presrećan. Radovao se što će dobiti brata. Njegov glasić se svakodnevno orio po poljani dok se hvalio drugoj deci da će mu mama roditi batu... Odluka da ipak rodim to dete, postajala je sve jača i čvršća, najviše zbog njega. Želela sam da mu ispunim želju da ne raste sam, da ima pored sebe brata ili sestru.

Ali, veoma brzo su počeli problemi sa mojom trudnoćom... Pretila mi je opasnost od pobačaja. Doktor mi je čak savetovao da abortiram, ali ja to više nisam želela. Iako sam se u početku kolebala, vremenom sam postala ubeđena da će sve biti u redu. Zato sam energično odbacila tu mogućnost. Rekla sam mu da ja znam da će sve biti u redu.
I nisam ga lagala. Znala sam... Jednostavno sam to nekako znala. Ni sama ne znam kako...
U trudnoći sa Irenom nisam imala problema, ali mi je neki unutrašnji glas govorio da nešto neće biti dobro. Sa ovom trudnoćom sam bila sigurna da će sve biti u redu i pored toga što sam redovno dobijala terapiju za održavanje trudnoće i što sam morala da ležim svih devet meseci. Odakle mi tolika sigurnost u to, ni danas mi nije jasno. Kao da me je neka neobjašnjiva sila vodila, hrabrila me i davala mi snagu.
"Vi morate da abortirate! Da li ste normalni? Izlažete se riziku da rodite bolesno dete! Budite zadovoljni što imate jedno zdravo! Ne tražite đavola!" – vikao je doktor Grujić – „za pola sata da ste u operacionoj sali!"– istrčao je kao furija iz sobe.
Ostala sam da plačem, ali bila sam rešena: *Ne pada mi napamet! Ne dam, rodiću moju bebu, pa šta bude!*
U tom momentu u sobu je ušao doktor Isaković. Odmah sam osetila da je divan čovek. Njegove blage, tople oči ulivale su mi poverenje i sigrnost.
"Ako želite to dete i pored svih opasnosti i teškoća, imaćete ga! Samo morate želeti svim srcem i svom svojom snagom. I, stalno misite na to da će sve biti u redu" – rekao mi je.
Kao melem na ranjenu dušu legle su mi te reči i ja sam u njemu videla Boga koji će mi pomoći.
"Kada dođe vreme za to, ja ću vas poroditi i videćete, sve će biti u redu!" – stegao mi je ruku.

Taj stisak mi je ulio dodatnu snagu i samopouzdanje.
I bilo je sve u redu. Na dan svog porođaja sam definitivno shvatila da čovek nikad ne treba da se prepusti svojim lošim mislima. Da uvek treba misliti pozitivno. To će se i kasnije u mom životu pokazati kao jedini ispravan i uspešan način borbe protiv mnogih nedaća.

Rodio se moj Darko. Kao što je i obećao, dr Isaković je pomogao da na svet donesem svog drugog sina. Rodio se krupan dečak, sav žut kao Kinez zbog silnih tableta za održavanje trudnoće, ali sa velikim plavim očima, istim kakve je imala i moja Irena. Moj Bože! Kako su se uskovitlala osećanja u meni. Koliki je to bio bol i kolika radost istovremeno!

Imala sam osećaj da se Irena ponovo rodila u Darku. Ono što ću zauvek pamtiti, bile su te njene krupne, širom otvorene plave oči. Darko je imao iste takve, "njene" oči! Te njegove oči su me vratile u prošlost...

Kada sam u svom naručju držala Darka, imala sam osećaj kao da nju držim u rukama. Zbog Darkove sličnosti sa Irenom i tog osećanja da sam je jednim delom ponovo dobila u njemu, uvek sam bila mekša, popustljivija i slabija prema njemu, nego prema Stefanu...

Tako je bilo i kasnije... Nekako se podrazumevalo da Stefan uvek sve zna i sve može. Sa svim onim dečjim nestašlucima bio je dobro dete, odličan đak, najbolji student, odlučan, predivan čovek, koga svi vole. Uvek je znao šta hoće i uvek je to i ostvarivao, još od malih nogu. Uvek je bilo nekako normalno da Stefan sve zna i sve može...

"Nemoj ništa da brineš, mama" – uvek je znao da kaže – „sve je pod kontrolom! "

Uvek je bio raspoložen, smejao se, barem svojim veselim očima. Bio je dobar đak, sposoban i omiljen u društvu, bavio se sportom... Vremenom je izrastao u jakog, krupnog momka, sa mišićima "od kamena". Postao je lep, mlad muškarac, tamne kose i tamnih očiju. Uvek je bio okružen drugovima koji su ga svuda i stalno nekud pozivali. Nikada nije mirovao. Darko je opet, uvek bio nekako mek, dobar, nežan i mazan. Bio je drugačiji od Stefana. Nije mu baš svaki put, sve polazilo za rukom. Bio je visok, mršav, sa plavim očima i svetlom kosom, koja je u međuvremenu, kako je odrastao, potamnela. Dok su još bili mali, Stefan je bio njegov stariji brat – zaštitnik. Svuda ga je vodio sa sobom i branio ga od svih.

*****

...Trebalo je sve da bude dobro. Imala sam svoja dva dečaka koja su mi davala životnu snagu i sreću. Moja dva momka su rasla. Život je išao dalje, tekao nekim ustaljenim i uobičajenim tokom i naizgled sve je bilo lepo i dobro. Ali samo naizgled...

Ja sam ponovo polako padala u ponor nezadovoljstva i žudnje... Žudnje za nečim, a nikako nisam znala, ili nisam sebi smela da priznam za čim. Nije mi bilo dovoljno dobro to, što radim u firmi gde osam sati dnevno sedim za mašinom i šijem pantalone. Sve to me je zamaralo, ponovo sam želela nešto bolje. Želela sam mesto gde ću zarađivati više i na kom mogu više pomoći svojoj porodici da bolje živi.

Sa mužem je ponovo bilo sve po starom. Nakon Darkovog rođenja, kao da smo odradili sve što se od nas kao supružnika očekivalo. Postali smo kao brat i sestra. U početku smo to činili sasvim retko, a na kraju smo i prestali da vodimo ljubav. Poneki put dobijala sam od njega ovlašan poljubac u obraz i to je bilo sve. Kada sam jednom prilikom pokušala da razgovaram na tu temu sa njim i da ga pitam zašto je to tako, šta se događa, odgovorio mi je da za nešto više nema volje i - tačka. Potpuno nezainteresovano je dodao:

"Ako ti treba, a treba ti verovatno, jer ti si mlada i lepa žena, nađi nekoga. Ali, ako te nekad pitam da li imaš švalera, nemoj mi to nikada priznati. Reci da nemaš. Važno je samo da uvek dođeš kući, deci i meni."

Te reči, koje je Žarko izgovorio, a onda ih čak u više navrata kasnije u različitim situacijama i ponovio, uništile su svaki delić mojih osećanja prema njemu. Uništile su i ono malo mog poštovanja prema njemu kao čoveku.

Uvek sam bila svesna da nikada nisam ni gajila neka jaka osećanja prema njemu, ali sam ga barem poštovala kao druga i čoveka. Ovim rečima, on je i to uništio. Gadio mi se... Nikada mi neće bniti jasno, kakav je to čovek, koji može svojoj ženi mirno da dozvoli, čak i da je ubeđuje da se švleriše koliko hoće, samo da se uvek vrati njemu i deci!

Osetila sam se stravično poniženom. Kao supruga, majka, žena, ličnost... Verujem da bi se isto osećala i svaka druga žena na mom mestu. Shvatila sam da je njemu, u stvari, potpuno svejedno. Jedino mu je bilo važno to, da za sebe uvek ima oprano i skuvano, da za svoju decu ima ženu koja će ih paziti i odgajati, a ko bi to mogao bolje činiti od njihove rođene majke.

Iz inata i povređene sujete, rešila sam da to što mi je predlagao, prvi put kad mi se ukaže prilika i učinim.

Uletela sam u jednu kratku tajnu vezu, pa drugu... Nisam bila ponosna a ni zadovoljna zbog toga. Uvek sam se posle tih skrivenih, tajnih i na brzinu ukradenih zagrljaja stidela same sebe i tražila opravdanje u tome da me je muž sam gurnuo u to. Pravdala sam sebe time da mlada žena ne može živeti godinama bez ljubavi. Jednostavno, to nije prirodno. Gadila sam se i mrzela sebe zbog toga, ali mrzela sam i Žarka, još više. On me je svesno gurao u propast!

Uvek je govorio da sam za njega najlepša i najbolja žena, ali svejedno, nikad me nije želeo i nije mogao da me voli... Zašto, ni sam nije znao. Sada, posle svih godina patnje, mislim da me je ipak voleo na neki svoj, za supružnike bolestan i pogrešan način. Kao sestru, kao člana porodice, ali sigurno ne kao ženu.

Međutim, veoma brzo sam saznala razlog zbog kog nije bio zainteresovan za mene. Tada sam shvatila i zašto nije želeo da ima ništa sa mnom. U njegovom životu, postojala je druga žena sa kojom je već duže vreme bio u vezi. Ta žena me nikada nije interesovala. Ljudi kao ljudi, imali su potrebu da s vremena na vreme pokušaju da zapodenu razgovor o njoj, ali ja sam odbijala svaku priču na tu temu. Nisam želela da govorim o njoj čak ni onda kada je Žarko u kuću doneo bolest, zbog koje smo svi u kući mnogo propatili.

Plašila sam se jedino, dok se nije izlečio, da je ne prenese i nama, ostalima. Bila sam zahvalna Bogu što više nismo bili bliski, što nismo imali odnose, jer bih se verovatno i ja razbolela.

Bez obzira što se sve dobro završilo, za mene je to bio veliki šok. U prvom momentu, pomislila sam da ga odmah ostavim i odem sa decom, ali nisam imala gde. Bez novca, nisam znala kako da decu prehranim i kako da ih dalje školujem.

Od roditelja nisam imala nikakvu podršku.

"Ti si za to kriva! Da si bila dobra žena, ne bi išao drugoj!" – kao so na živu ranu, pale su na moj očaj, reči moje majke.

Opet sam ja bila kriva! Pitala sam se dokle tako. Za sve moje, ali i tuđe greške koje su se događale, ja sam bila glavni i jedini krivac. Nikada mi nije bilo jasno zbog čega! Pitala sam se da li bih ja, čak i kad bih bila bezgrešna, bila dovoljno dobra svojoj majci?!

Bilo mi je zaista potrebno da ona, bar jednom stane na moju stranu, da me podrži, da me voli takvu, kakva jesam. Ali, nije bilo šanse da se moja nadanja i želje ostvare. Od moje majke su uvek stizale samo oštre reči osude:

"On je dobar čovek. Ti si kriva za sve! Ćuti i trpi!"
Ali ja to nisam htela. Nisam to želela. Nisam tako mogla! Želela sam nešto drugo... Moj muž se izlečio, nastavili smo i dalje da živimo zajedno. Spavali smo u istoj sobi, na dva kraja istog kreveta, pazeći da se slučajno ne dodirnemo, kao dva potpuna stranca. Preko dana, vreme bi još nekako i proletelo u obavezama, u žurbi, u neprekidnom jurcanju i nije se osećala ta naša teška, obostrana netrpeljivost.

Ali kada dođe veče, tada je postajalo preteško. Osećaj straha i neprijatnosti što ležem u isti krevet sa osobom koja mi je svakim svojim delićem odvratna i odbojna, dovodio me je do ludila. Poneki put, sva sreća retko, dešavalo se da se moj muž "priseti" da sam mu žena, da treba da mi pokaže da samim tim polaže i pravo na mene, pa da čak može i da "odradi" seks sa mnom i da me "uzme" onda kada on to poželi. To je bilo grozno. Osećala sam se strašno.

Trpela sam to, jer sam tako bila naučena i osećala sam se kao najbezvrednija žena pod nebeskom kapom. Želela sam da pobegnem što dalje od njega, ali nisam imala kuda. Želela sam samo da ga ne gledam više...

Pred drugima, ništa od tog našeg iščašenog odnosa se nije moglo primetiti, čak ni naslutiti. Naoko smo izgledali kao savršena porodica, ali, u suštini, bilo je sasvim suprotno. Ispod uglancane, tanke fasade, krila se sva trulež našeg zajedničkog života.

* * * * *

U međuvremenu, opet sam počela sve češće da mislim na moju Irenu. Osećala sam da me neka sila vuče da ponovo odem u Nemačku. Isticala je već deseta godina od kako je sahranjena i znala sam da se bliži vreme kada će njena humka biti prekopana, jer Nemci to tako rade. Morala sam otići tamo, da još jednom vidim njen maleni grob i da se zauvek oprostim od nje.

Naravno, Žarko nije hteo ni da čuje za tu, kako je samo on mogao da kaže – "glupost".

"Jesi li ti, ženo, poludela? Kako ćeš da ideš u Nemačku? Nije ti to preko puta ulice?! – grmeo je da se i napolju čulo.

Ali, nije me mogao odvratiti od moje namere. Moja želja i potreba je bila tako jaka, da nisam mogla više da je suzbijam. Morala sam otići. Rešila sam da idem, pa neka bude, šta bude.

Na sve to, tih poslednjih meseci se nikako nisam osećala dobro. U početku sam mislila da je to sve zbog mog lošeg psihičkog stanja i svega što se u meni taloži i skuplja već godinama, ali kako su i moji fizički problemi, praćeni sve češćim bolovima, iz dana u dan postajali sve veći, shvatila sam da sam bolesna. Morala sam se obratiti doktoru. Svakoga dana sam primala nekakve injekcije, ali mi one ništa nisu pomagale. I dalje sam osećala jake bolove.

"Natalija, ti si trudna!" – ubeđivao me je Zlaja, kolega sa posla. Sve češće mi je kroz vragolasti smešak ponavljao.

"Ma, Zlajo, odakle ti ta suluda ideja?" – branila sam se negodujući.

„Bogami, jesi! Pogledaj samo kako si se zaoblila! Bolje ti idi kod nekog drugog doktora." – bio je uporan.

Na kraju sam ga poslušala. Otišla sam kod drugog doktora i opet dobila istu dijagnozu – "upala jajnika".

Bez obzira na svoje zdravstveno stanje, bila sam i dalje odlučna da moram otići u Nemačku.

"Znači, rešila si po svaku cenu da ideš i gotovo! Ne vredi tebi govoriti. Ne odustaješ, čak ni ako si bolesna" – opet je moju odluku prokomentarisao Žarko. – "A kod koga ćeš da budeš sada, kada je moj brat na odmoru?"

Izgovorio je to nekako usput i okrenuo se da igra šah, bez neke veće zainteresovanosti za razgovor.

"Biću kod Doce i Milke" – isto tako usput sam mu i odgovorila.
Posle nekoliko dana, sedela sam u autobusu koji je vozio prema Bilefeldu. Bila sam spokojna, jer me je ispunjavao osećaj da idem tamo, gde treba da idem, da me tamo gde sam pošla, neko i nešto čeka.
U autobusu, za vreme puta, savijala sam se od nesnosnih bolova u stomaku. *Bože, izgleda da stvarno nije nešto u redu, a ja idem tako daleko. Možda je Žarko imao pravo* – mučile su me misli dok sam istovremeno molila Boga da što pre stignem. Put se odužio. Putovali smo skoro trideset sati, a meni je sa svakim kilometrom bivalo sve gore.
Smestila sam se kod Milke i Doce, koji su me čekali. Bili su presrećni što me vide.
"Znaš od kad te nismo videli!?! Baš nam je drago da si došla!" - grlili su me i ljubili, oboje.
Te večeri sam jedva izdržala. Želela sam i koliko god da nisam mogla, morala sam barem da popričam sa njima. Ali, sutradan, čim su oni otišli na posao, nisam više mogla da trpim. Sama sam krenula u bolnicu. Jedva sam se dovukla do nje, od jakih bolova koji su mi kidali utrobu.
Ti nesnosni bolovi, ponovo su pokrenuli bolna sećanja na moj porođaj sa Irenom. Moju Irenu sam u toj istoj bolnici dobila i izgubila. Tu sam je prvi i poslednji put videla. Samo sam je videla, ali je nikad nisam zagrlila, čak ni dodirnula... Jedva sam uspevala da zaustavim suze. Imala sam osećaj da se prošlost vratila, da se sve ponovo, do detalja ponavlja.
Posle samo pet minuta pregleda, nemački doktori su ustanovili da imam vanmateričnu trudnoću i da će mi jajnik pući, ukoliko se odmah, istog momenta, ne operišem. Obuzeo me je silan strah.
U mojoj glavi krenule su da se roje misli: *Da li sam morala doći ovde, da bi se krug zatvorio? Da li je trebalo da dođem ovde i umrem, kao moje dete? Da li me je to moja Irena*

ovamo dozvala, da umrem kao ona. Zar nikada više neću videti Stefana i Darka? O, Bože, samo da ovo preživim, samo da ponovo vidim moju decu, biću najbolja supruga i majka. Neću se više nikad žaliti na svoj život!
"Recite nam koga da obavestimo. Dajte nam broj telefona nekog od srodnika ili prijatelja" – trgao me je iz vrtloga mojih misli glas medicinske sestre.
Od šoka, sve brojeve sam zaboravila. Nisam mogla da se setim nijednog. Počela sam glasno da prebiram po glavi. Znala sam samo imena ljudi, ali brojeve ne. Bila sam potpuno izgubljena. Samo sam glasno nabrajala imena, ali... Ni jednog broja nisam mogla da se setim. Osećala sam se kao telefonski imenik, u kom su ostala imena, ali iz kog je neko izbrisao sve brojeve. Nisu mogli više da čekaju. Ubrzo sam se našla na operacionom stolu.
Probudila me je svetlost koja se ljuljala ispred mojih očiju. Mislila sam da neko pokušava nekakvom lampom da me dozove. Nisam znala ni gde sam ni šta se sa mnom zbiva. Međutim, tek kad su moja čula ponovo počela da registruju stvarnost, shvatila sam da su to bili blagi šamari časne sestre, koja me je dozivala:
"Natalija, probudite se! Sve je dobro prošlo. Sad ste bezbedni."
Razbijeni parčići moje svesti lagano su počeli da se sastavljaju. Počela sam da shvatam šta se dešava: *Znači, spasli su me od najgoreg! Hvala Bogu! Opet ću videti svoju decu!* Teškim naporom, otvorila sam oči. Gledala sam, ali nisam bila sigurna da dobro vidim. Nisam znala da li je ono što vidim stvarnost, ili sanjam. Da li sam ostala živa, ili sam ipak umrla... Moje širom otvorene oči, bile su prikovane za veliki drveni krst na zidu i broj sobe - četiri!
Počela sam da se okrećem oko sebe i na stočiću pored svog bolničkog kreveta ugledala sam sat, na kom je jasno bleštao datum. Isti onaj - peti juli, ali godina je bila 1989. Na

isti ovaj dan, samo pre deset godina, u ovoj istoj sobi sam prvi i poslednji put videla moju Irenu! To nije mogla biti istina! Sve je izgledalo potpuno isto. Nisam znala šta se događa...
Jesam li se vratila deset godina unazad ili je to sadašnjost? Je li to puka slučajnost ili neka sila koja me je morala ovde dovesti da izbegnem najgore? Mora biti da me je Irena ovamo dovela, ne da umrem, nego da me spasu - jedno za drugim, nadolazila su mi pitanja, a ni na jedno od njih nisam imala odgovor.

Kada sam se potpuno osvestila, u meni je ostala jedino ogromna tuga, što mi se tragedija koju sam već doživela, još jednom ponovila... Ovoga puta, samo na drugi način. Na isti dan, deset godina kasnije, umrla je još jedna moja beba...

Moje kolege sa kojima sam pre isto toliko godina radila u ovoj istoj bolnici, kada su čule da sam ponovo tu, svakoga dana su dolazile da me posete, da me uteše i da budu uz mene. Nisu mi, nažalost, mogle pomoći.

Bol je bio samo moj i nisam ga mogla ni sa kim podeliti. Ali, istovremeno, osećala sam i veliku sreću i ogromnu zahvalnost prema Onome gore, koji nije dozvolio da se dogodi ono najgore i koji je pomogao da se vratim svojim sinovima živa i zdrava...

Ostala sam bez odgovora na mnoga pitanja koja sam sebi postavljala: *Zašto je ta neka, viša sila, odredila da se sve ponovo dogodi baš na isti dan i na istom mestu, deset godina kasnije? Da li je to, što se sve odigralo baš tu i na taj dan, samo slučajnost, ili se moralo desiti baš tu, da bih bila spasena?*

Ne znam, ali ipak mi se čini da je u životu sve unapred trasirano. Čak i to, kako i šta će se dogoditi. Počela sam da povezujem ono što mi se dogodilo, sa činjenicom da me je neka čudna intuicija vukla baš tamo, gde treba.

Naravno, kada sam se oporavila, otišla sam na grob moje Irene. Odnela sam i na njenom grobu ostavila hrpu slatkiša, igračaka i cveća. Oprostila sam se od moje devojčice u suzama, ali bila sam joj i zahvalna što me je sačuvala za moje sinove. Kući sam se vratila tužna, zbog svega što se dogodilo, ali i beskrajno srećna što mogu ponovo da zagrlim svoju decu i da ih opet imam u svom naručju. Život se naravno, nastavio dalje i opet je bilo sve po starom.

Stefan

Moj stariji sin je završio osnovnu školu i kao odličan đak, mogao je da bira u koju će školu ići dalje. Na očev nagovor, izabrao je Vojnu gimnaziju.
"To ti je, sine moj, najbolji izbor! Oficiri najbolje žive. Vojska uvek ima dobru platu, a i stan ćeš brzo dobiti!" - navaljivao je Žarko.
Naravno, Stefan je verovao svemu što mu je otac govorio. Bio je mlad i nije shvatao šta znači biti razdvojen od roditelja sa nepunih petnaest godina. Posle silnog očevog ubeđivanja da je to najperspektivnija moguća škola, odlučio se - Vojna gimnazija i nijedna druga škola ne dolazi u obzir.
Konkurisao je i primili su ga, kao jednog od najboljih učenika.
Mi smo ga vozili u Zagreb, do škole. Dok smo putovali, nisam mogla da ga se nagledam. Imala sam osećaj da ga zauvek gubim. Nisam mogla da podnesem da gubim i svog starijeg sina. Bio je tako mlad... Isuviše mlad, da bude otrgnut od roditelja i od svoje kuće.
Grlo mi je bilo stegnuto. Mislila sam da ću da svisnem od tuge, a morala sam da se uzdržavam zbog njega. Bojala sam se da će videti patnju u mojim očima. Znala sam koliko je osetljiv i da će primetiti. Želela sam da on bude srećan, a ja ću se već nekako izboriti sa svojim osećanjima. Ostavili smo ga tamo, sa još stotinu drugih učenika.
"Dragi roditelji, hvala vam na vašim, a sada našim sinovima, budućim oficirima!" – derao se jedan oficir.

A meni se duša kidala. Uhvatio me je histeričan plač. Nisam mogla nikako da se smirim. Stefan me je gledao, a iz očiju mu je izbijala tuga, koju nije želeo da pokaže. Ipak, od mene je nije mogao sakriti. Zbog toga mi je bilo još gore. Još teže...
"Nemoj, mama, da plačeš. Biće meni ovde lepo" – gledao me je svojim tužnim očima dok je govorio. Osećala sam koliko mu je teško, ali sam znala da to neće da pokaže. Videla sam da se već kaje što je ovo izabrao. Ljubila sam ga i grlila na rastanku. On me je samo jako stegao uz sebe i odjednom se otrgao, kao da se bojao da neće izdržati. Da će pokazati svoja prava osećanja.
"Idi, mama! Idi sad!" – doviknuo je, brzo se okrenuo i otrčao za drugim pitomcima.
Znala sam da mu je teško, ali i da se bori protiv toga. Bio mi je to najteži dan u životu, posle Irenine smrti. Osećala sam se kao da mi je neko iščupao srce. Na Žarku se ništa nije moglo primetiti. Nerviralo me je to što se ponašao kao da mu ni najmanje nije bilo žao.
"Šta cmizdriš? Ostao je na pravom mestu! Samo što ti to još ne možeš da shvatiš" – govorio je ravnodušno.
Govorio je kao da se radi o tuđem detetu, a ne o našem. I oni tragovi osećanja koji su u meni, prema njemu, još postojali, tada su izbrisani. Pitala sam se zar on, moj muž, ako već nije imao potrebu, ne oseća barem obavezu da stoji uz mene u tako teškim trenucima? Da me uzme u naručje i pokuša da me uteši...
Ako to nije mogao srcem i dušom da uradi, trebalo je barem da mu to kaže razum... Možda bi tako i naš zajednički život krenuo u drugom, boljem pravcu. To što nam je sin otišao, trebalo je da nas ujedini, a ne da nas još više udalji. Ovako, jedino sam prema njemu osetila strašan prezir i mržnju... To se moglo osetiti i u vazduhu oko nas.

Moj muž naravno nije ništa primećivao. Vozio je nazad prema kući i hvalisao se nekim svojim momačkim, možda čak i izmišljenim ili umišljenim seksualnim doživljajem, od pre ko zna koliko godina, sa dve sestre istovremeno, koji se navodno odigrao u selu kroz koje smo upravo prolazili. Nisam mogla da verujem svojim ušima! U jednom, meni toliko teškom trenutku, on je pričao o takvim glupostima...

Kada sam ušla u kuću, osetila sam ogromni nedostatak i bes... Kuća mi je delovala kao jedan ogroman, prazan i besmislen prostor. Ušla sam u praznu Stefanovu sobu i dugo plakala u njoj, zajedno sa Darkom. I on je tugovao za bratom koji je otišao. Jedino njegov otac nije imao takvih problema. Ležao je u dnevnoj sobi u fotelji, sa nogama podignutim na sto i hrkao. Sve mu je bilo potaman. Njemu ništa nije nedostajalo.

A onda je zazvonio telefon. Javila sam se i zanemela.

"Mama, ja sam! Hoću kući! Vodi me odmah odavde! Ako ne dođeš, ja ću pobeći! " – orio se iz slušalice Stefanov glas.

Samo što se nisam onesvestila, kada sam ga čula preko telefona tako izbezumljenog, samo jedan sat nakon što smo stigli kući. Uspaničila sam se - *Mili Bože, pa tek smo ga ostavili tamo! Šta mu se desilo?*

Žarko se probudio i onako bunovan zgrabio telefon i počeo da urla:

"Kakvoj bre kući? Šta to bulazniš? Nema ti mrdanja odatle, mamlaze jedan!" – i zalupio slušalicu. Okrenuo se prema meni i nastavio istim tonom:

"A ti, da prestaneš da cmizdriš! I ne javljaj se više slučajno na telefon kada on zove! Mora da se navikne!"

Produžio je prema kauču, opružio se, ponovo podigao noge na sto i opet zahrkao. Nikada nikoga u životu nisam mrzela, kao u tom trenutku, njega – oca moje dece. Nisam mogla da verujem da imam jednog, do te mere bezosećajnog stvora, za muža. Ako ga nije doticao moj bol, kako ga nije

dotaklo barem Stefanovo zapomaganje da se vrati kući? Pa on je i njegov sin! Po ko zna koji put sam se pitala, zar je moguće da nikada nemam nikoga u porodici da stoji uz mene u teškim trenucima?!
U mladosti, falila mi je očeva podrška. Najčešće sam se osećala kao da ni nemam oca. Sada sam imala muža, kojem je bilo sasvim svejedno šta se u našim životima događa. Sva dešavanja su prolazila pored njega, a on je živeo sa nama, tek tako. Bez ikakvog interesovanja za mene i decu. Mogla sam i da razumem da ga ne interesujem ja. Ali Stefan!?!
Pa on mu je sin! Njegovo dete! Njegova krv i njegovo meso, isto kao što je i meni! Zar se nije uplašio šta mu sin tamo preživljava? Zar nije ni pomislio na moguće posledice, ako ne odemo po njega? Da li je moguće da se nije ni zabrinuo, da može posle svega tako hladnokrvno da hrče – vrilo je u meni.
Nisam mogla više očima da ga vidim.
Prošla je cela jedna sedmica. Bila je to sedmica pakla za mene. A onda nas je telefonom pozvao kapetan iz Vojne škole. Hteo je da razgovara sa Stefanovom mamom. Od straha da se nešto loše desilo, početak njegove priče nisam ni čula, ali sam dobro zapamtila da mi je rekao:
"Za dva dana je Stefanov rođendan. Morate videti da obavezno dođete, jer on mnogo tuguje za vama. On je zaista dobar i inteligentan dečko, ali ja mislim da ovaj izbor škole nije za njega. Oko toga bismo morali da popričamo."
"Naravno, hitno dolazim!" – usplahireno sam mu obećala.
Nije bilo te sile koja je mogla da me spreči da odem. Bila je nedelja. Rođendan mu je bio sutra, dakle, morala sam odmah da pođem! Ali kako? Znala sam da na Žarkovu podršku neću moći da računam. To je bar bilo sigurno. Nisam znala šta da radim. Ipak sam bila prinuđena da ga pitam hoće li me voziti. Ponadala sam se da je možda u međuvremenu razmislio o svemu i da postoji mogućnost da se predomisli.
Pitala sam ga, iako sam već znala odgovor:

"Ja te sigurno ne vozim! A ni ti nigde nećeš da ideš!"
"Bogami, ja ću da idem, pa makar i peške!" – urliknula sam.

Imala sam osećaj da bih u tom trnutku, da je pokušao da me spreči, bila spremna i da ga ubijem. Shvatio je koliko sam ozbiljna. Nije pokušao da me zaustavi. Na kraju me je odvezao do susednog grada na voz. U pola dva noću, ostavio me je na železničkoj stanici. Samu. Na peronima nigde nije bilo žive duše. On se vratio u svoj topli krevet, da spava.

Takvi neljudski postupci, ostavljaju duboke ožiljke na duši, koji se nikad i ničim ne mogu izbrisati. Zauvek mi je u sećanju ostao urezan taj osećaj besa, očaja, bespomoćnosti, odvratnosti, ali i moje rešenosti i odlučnosti. Nije osetio ni trunku griže savesti što će mu žena noću, sama putovati vozom tako daleko. Što stoji u mrkloj noći sama, na peronu železničke stanice u tuđem, nepoznatom gradu... U meni je sve puklo...

Tuga zbog Stefana, pomešala se sa sve većim osećajem samoće. Nisam imala čoveka na kog sam mogla da se oslonim u svojim najtežim trenucima, čoveka sa kojim sam mogla da podelim svoju tugu. Nisam stigla čak ni da u firmi u kojoj sam radial, tražim odobrenje da izostanem sa posla. Znala sam da zbog toga mogu čak ostati i bez radnog mesta, jer direktor je bio loš čovek. Plašila sam se da će mi dati otkaz, jer nisam znala šta bih tek onda! Jedva sam i taj posao našla. U svakoj mojoj misli rojio se neki novi problem i neko pitanje na koje nisam imala odgovor. Ali, žudnja za sinom i njegova potreba za mnom bila je jača i bitnija od svega drugog. Rešila sam - idem, pa šta bude! On mi je bio preči od svega!

Tada sam se zarekla - čoveka bez duše i ljubavi, za kog sam bila udata, kad-tad ću ostaviti. Neću dozvoliti sebi da sa njim provedem čitav svoj život. Ionako sam previše dugo živela kao da ga nema.

Kada sam se napokon ukrcala u voz, u njemu nisam mogla da pronađem mesto da sednem. Voz je bio prepun. Sva sedišta su bila zauzeta... Bio je pun Albanaca sa Kosova, koji su putovali u Sloveniju, na rad. U to vreme, to je bilo kao da su bili zaposleni u Nemačkoj. Svi su hteli u Sloveniju. Pogotovo Albanci. Mislim da u vozu nije bilo nijedne žene, osim mene. Samo ja i Albanci. Gledali su me kao da nikada nisu videli ženu. Sebe sam već videla razapetu i raščerečenu. Od detinjstva sam slušala priče u kojima su Albanci uglavnom bili prikazivani u lošem svetlu. Pričalo se da žene koje su same otišle na Kosovo, nikada više nisu uspele da se odozdo vrate. Nisam znala da li je baš tako, ali sam se plašila... Mnogo godina kasnije, upoznala sam neke od tih ljudi. Bili su čestiti i sasvim korektni prema meni. Svakako nisu bili od onih, kojih se trebalo plašiti.

Ljudi su veoma često spremni da unapred i bez dovoljno znanja o nekome donose loše i najčešće pogrešne sudove. I ja sam dugo na isti takav način razmišljala. Ali, vremenom sam uspela sebe da promenim.

Išla sam tako isprepadana, od vagona do vagona, sa nadom da ću naći neko slobodno mesto da sednem, ili da ću sresti nekog poznatog, da se barem oslobodim straha. Vagoni su tandrkali, klimali se, a ja sam pri prelasku iz jednog u drugi imala osećaj da ću propasti između njih i da će me voz smrviti. Nikada neću zaboraviti taj osećaj. Nisam znala da li sam jadnija, usamljenija ili napuštenija od svih.

Zaokupljena svojim strahom, pri prelasku iz vagona u vagon, najednom sam čula muški glas i nisam mogla da poverujem svojim ušima – dovikivao je:
"Polako, Natalija, kud' bežiš? Stani!"
Majko moja mila, ko sad može da bude ovo?! – pomislila sam u trenu i još brže potrčala ka drugom vagonu, samo da odem što dalje. Čovek koji me je dozivao, potrčao je za mnom.

Dok sam promicala pored prozora na vozu u kojima su se zbog tame koja je bila napolju, jasno, kao u ogledalu, videli likovi ljudi iz unutrašnjosti voza, ugledala sam niskog čoveka sa bradom, koji je žurno pokušavao da me stigne. Grčevito sam grabila napred, ali čovek se sve više približavao.

Kao u horor filmu. Bežala sam, a on me je jurio. Mozak mi je munjevito radio, ali svejedno nisam znala kome bih mogla da se obratim za pomoć. Nisam smela ni u koga ni da pogledam. Sama u klimavom starom vagonu, koji škripi i klepeće, u sred noći, nisam znala kud ću i šta ću.

"Natalija, stani, šta ti je? Zašto bežiš? Ja sam, Luka! Tvoj školski drug. Zar me ne prepoznaješ?" – čula sam ga kako mi dovikuje.

Stala sam kao ukopana. Okrenula sam se prema muškarcu iza sebe i jedva progovorila:

"Luka! Koji Luka?"

"Onaj, sa kojim si pravila topove od blata" – smejao se.

Zagledala sam se malo bolje i na kraju ga prepoznala. Dosta se izmenio. Godine koje su prošle, izmenile su njegov lik, a imao je i veliku bradu.

"O, Bože, hvala ti!" – odahnula sam.

Videla sam u njemu spas. U tom trenutku on mi je bio – i drug, i otac, i muž. Nije mogao da shvati zašto sam u Zagreb krenula sama, sa svim tim Albancima u vozu.

Kada sam mu ispričala kako me je muž dovezao na stanicu i ostavio samu, bilo mu je sve jasno.

"Ni ja nisam imao više sreće u životu. Razveden sam, nemam čak ni dece. Ti bar imaš decu, a pravog čoveka možeš uvek naći... Samo, moraš to zaista hteti. Moraš biti uporna i tražiti!"

Njegove reči su bile upravo ono, što sam želela da čujem. Rekao je baš ono što mi je trebalo. Osetila sam da u tom vozu, prepunom ljudi kojih sam se bojala, više nisam sama. Sa mnom je bio Luka, moj drug iz detinjstva, kog nisam videla dvadeset godina. Pružio mi je podršku i sigurnost koju sam u ovoj situaciji trebalo da imam od Žarka... Zahvaljivala sam Onom, koji ga je baš tada poslao meni...

Nisam više bila sama, nisam se više bojala. Došao je kada mi je pomoć bila najpotrebnija. Bio je te noći moj anđeo čuvar... Bila sam zahvalna i Bogu, i anđelu i đavolu. Nije mi bilo važno ko je to bio. Bila sam mu zahvalna samo kada mi je pomogao. Sva mesta u vozu su i dalje bila popunjena. Do Zagreba smo stajali. Na momente sam spavala stojeći. Do kasarne sam otišla taksijem.

Stefan me je već čekao kod prijavnice. Prvo što sam primetila kada sam ga ugledala bili su tamni kolutovi oko očiju i njegov izdužen vrat. Delovao je mršavo i jadno. Steglo me je u grlu, nisam mogla da progovorim dok sam ga grčevito stezala u svom zagrljaju.

"Sine moj, šta je to s tobom?" – jedva sam procedila.

"Mama, završavaj šta moraš i idemo što pre kući! Ja ovde ne ostajem više ni minuta! Ovde su ljudi toliko bezosećajni! Kao da sam u zatvoru! Ovde nema radosti, nema smeha, nema ničeg... Samo naređenja, naređenja, naređenja i izvršenje! Ovde mi nema života!" – bio je očajan.

"Naravno, sine! Idemo! Idemo kući, a posle ću videti šta ćemo dalje..." – bila sam rešena.

A onda me je uhvatio strah od toga kako će Žarko reagovati – on nije znao da Stefan ima nameru da se vrati kući! Mislio je da idem u Zagreb zbog njegovog rođendana, pa je i protiv toga bio. Ni u košmarnom snu nije mogao da zamisli da će se naš sin vratiti kući. Takva mogućnost za njega nije ni postojala.

Pokušala sam da bar malo pokolebam Stefana u njegovoj odluci:

"Stefane, sine, tata sigurno neće dozvoliti da sad napustiš Vojnu gimnaziju. A plaši me i to, što si za druge škole uveliko zakasnio. Već dve nedelje ovog polugodišta su prošle. Šta ako te sada niko ne primi?"

Moram priznati da sam se zaista i plašila. Nisam znala šta da mislim o svemu.

"Mama, o tome sad ne mogi ni da razmišljam. A to mi nije ni važno. Mama, nekako će se sve već srediti! Samo me molim te, ne ostavljaj ovde! Ne mogu izdržati!" – cvileo je moj sin.

Jadno moje dete... Nisam mogla da verujem ... On nikada nije bio slabić. Znala sam koliko mu je teško kad mi tako govori... Srce mi se stezalo dok sam ga grlila... Duša mi se punila, rasla... i odjednom sam znala da ga moram povesti sa sobom. Znala sam i da ću se izboriti da bude srećan. Znala sam da će sve biti dobro. Da mora biti dobro!

Nekako ćemo uspeti! Samo da on dođe sa mnom kući... – pomislila sam, uspravila se i podigla glavu uvis. To mi je uvek davalo snagu – *glavu gore i – sve će biti bolje!*

Kapetan je bio dobar čovek. Ispunio je formulare u kojima je pisalo da je Stefan dobrovoljno napustio školu, poželeo nam srećan put i otišao. Seli smo u voz i krenuli prema kući.

A kod kuće nas je dočekao pakao. Žarko se drao na sav glas:

"Sunce li vam krvavo! Vi niste normalni!!! Oboje ste poludeli! Ti, ti nisi normalna žena! Eto ti, pa sada radi sa njim šta znaš! Neka ti sad sedi kod kuće, kao neka baba! A mogao je lepo od vojske i stan dobiti, imati dobru platu i živeti k'o Car Prcan!" – bio je sav nakostrešen od urlanja.

Ja sam samo ćutala. Gledala sam ga prezrivo i sve više sam ga mrzela...

"Ali tata, pa vidi koliku kuću imamo! Šta će mi stan?" – naivno je pokušao da ga umiri Stefan.

"Zaveži! Nemoj da ti sad razvučem šamarčinu, mamlaze jedan!" – zamahnuo je rukom prema njemu Žarko.

Stefan je naglo zaćutao, a ja sam sva nakostrešena raširila oči. Da pogled može da ubije, Žarko bi sigurno tog trenutka bio mrtav. Nije mu to promaklo. Samo se okrenuo i otišao.

Sutradan sam krenula u potragu za nekim slobodnim mestom u bilo kojoj školi. Išla sam od vrata do vrata, od jednog direktora do drugog - niko nije hteo da ga primi. Bilo je već kasno za upis i nigde više nije bilo mesta. Sve je bilo puno...

A onda sam, posle obilaska svih škola, otišla do one, za koju sam bila ubeđena da nema nikakve šanse. Znala sam da u njoj nema slobodnih mesta.

"Gospođo, ne plačite više. Vaš sin će biti primljen preko planiranog broja. Dosta je zakasnio... Ali, kako da ne primimo tako pametnog đaka sa ovakvim ocenama?" - rekao mi je direktor gimnazije.

Nisam mogla da verujem. Došlo mi je bilo da ga izljubim od radosti i zahvalnosti. Moj sin je izvan svih rokova, sa kašnjenjem od nekoliko sedmica, primljen u gimnaziju! Našla sam mu mesto! Njegov otac se nije ni najmanje potrudio.

"To je tvoj posao" - rekao mi je. "Ti si ga dovela kući - tvoja je obaveza sad da brineš šta ćeš!"

Bila sam ponosna na sebe, jer sam uspela. Ali, bio je to još jedan razlog više da ga vidim kao lošeg čoveka, muža i oca. Jaz između nas dvoje samo se još više produbio.

Srbija, devedesetih

Odnosi između Žarka i mene su se posle svega, ako je to uopšte bilo moguće, još više pogoršali. Svađali smo se neprekidno. Oko svake sitnice. Nismo imali novca, živeli smo oskudno, ali to nije bio toliki problem. Najveći problem je bio taj što više nije bilo ni traga od ljubavi među nama. Nismo više bili ni kao brat i sestra. Oni i kad se posvađaju, ne mogu da se mrze. Bili smo kao dve zaraćene jetrve. Kao komšije, koje se zakrve oko međe. Najstrašnije je bilo to što smo još uvek, zbog dece, spavali u istom krevetu. To smo razrešavali nekom vrstom prećutnog, nikad ne izrečenog dogovora...

On se čim legne, okretao na stranu i spavao, ili se barem pretvarao da spava, a ja sam se vratila svojoj davnoj, prvoj, nikad zaboravljenoj ljubavi. Čitala sam ljubavne romane i maštala o pravoj ljubavi.

Želela sam da ga nema. Da me ostavi, da nestane, da je mrtav... Da nađem nekog, s kim mogu imati normalan život...

Žarko je razvozio piće za jednu firmu i dolazio kući kasno. Najčešće pripit... Nije ga interesovalo da li je deci i meni nešto potrebno. Platu je uvek davao nama, ali nikad nije brinuo o tome da li je to dovoljno da preživimo mesec. Kada bi dečaci nešto tražili od njega, uvek su dobijali isti odgovor: "Eno vam matere! Mene ostavite na miru!"

Vremenom su se tako i navikli. Za sve su se obraćali meni. Razgovarali su sa mnom o tome šta mogu da kupe, o ocenama u školi, opravdanjima za časove sa kojih su izostali, o svojim prvim ljubavima. Bili su dobra deca. Kada im je

nešto bilo potrebno, a nije bilo novca, nisu navaljivali. Imali su uvek razumevanja. A novca nije bilo...
Uvek mi je bilo teško kada bih čula:
"Mama, kad budemo imali para, voleo bih da mi kupiš..."
To nikada neću zaboraviti... I danas pamtim jednu situaciju kad je Darko ostao bez patika... One koje je imao, bile su već pocepane, a za nove nije bilo novca. Nisam mogla više da ga gledam da hoda u patikama iz kojih vire prsti. Rekla sam mu da ću prodati neki svoj nakit i dati mu novac da kupi nove. Bunio se, nije hteo. Ljutio se i govorio da moram da zadržim taj nakit. Tešio me je da će on još malo sačekati, da njemu ne smeta, da su njegove pocepane patike "baš moderne", da se sad tako "nosi".

Ipak sam to uradila. Dala sam mu novac i gotovo ga naterala da krene i već jednom kupi sebi te patike. Teška srca, ali sa novcem u džepu, seo je u autobus. A onda, dok su se ljudi oko njega gurali u autobusu, neko mu je ukrao sve...

Kad se vratio kući i bez novca i patika, toliko se tresao od bespomoćnosti, muke i besa, da sam morala satima da ga tešim i smirujem. Govorila sam mu da se takve stvari u životu događaju... Da je možda tako moralo biti... Tešila sam njega, ali sam i ja bila očajna. Ne zbog para, ne zbog materijalnog gubitka, već zbog nepravde, protiv koje nisam mogla da učinim ništa.

Sledećeg meseca sam nekako uspela da mu kupim te patike. Čini mi se da je to više obradovalo mene nego njega. Još uvek je bio besan na sebe zbog ukradenog novca...

Mučilo me je to što ne mogu da obezbedim svojoj deci udobno i bezbrižno detinjstvo. Imali su više nego ja u njihovim godinama, ali zar je to bilo utešno? Poželela sam, po hiljaditi put, bolji život za sve nas. Nadala sam se da će i to jednoga dana doći...

Pokušavala sam da nađem neki izlaz, ne bismo li nekako izašli iz nemaštine. Razmišljala sam o nekom drugom poslu... Razmišljala sam i o tome da opet odem u Nemačku, ili bilo koju drugu zemlju, samo da više ne budem tu gde sam, jer više nisam mogla da izdržim bedan život kakav sam vodila. Shvatila sam koliko sam pogrešila i teško se pokajala što sam želela da se vratim u Srbiju.

Ponovo sam osetila ono, što sam čini mi se oduvek osećala – da nekako, tu ne pripadam. Nije mi bilo lepo! Osećala sam da mi je mesto negde drugde, da me "tamo negde" čeka moja sreća.

Za bolji život svoje porodice želela sam da se izborim svim silama... Reskirala sam i naterala sam Žarka da otvorimo svoju trgovinsku firmu i radnju u kojoj smo prodavali mešovitu robu.

U to vreme svi su otvarali nekakve male prodavničice i nekakva preduzeća... Država je u početku davala olakšice za otvaranje tih malih preduzeća, a posle nekog vremena ih je sve uništila.

Krenulo je dobro. U početku je čak i išlo dobro... Počeli smo da živimo mnogo bolje. Obuzeti uspehom u poslu, čak smo i Žarko i ja zaboravili na našu netrpeljivost. Opet se ustalio odnos brat – sestra, koji su mogli da komuniciraju bez većih svađa. Bilo je novca i mir se uselio u kuću.

Stefan je upisao fakultet u Novom Sadu. Slali smo mu redovno novac. Bio je vredan student Mašinskog fakulteta, koji je sve ispite polagao na vreme. Darko je živeo sa nama, išao u školu, ali za sve drugo je više bio zainteresovan nego da uči. To baš nije voleo. Bio je uvek voljan da pomogne u svim poslovima oko radnje i u kući i ja sam ga razumela. Učenje ga nije interesovalo, ali ono za šta je bio zainteresovan, radio je vredno i predano. Bilo mi je dovoljno što su moji sinovi dobri ljudi, sposobni da jednog dana sebi obezbede egzistenciju. Bila sam ponosna i zadovoljna njima.

Žarko je i dalje vozio kamion, ali je i sve češće dolazio kući pijan... Ja sam bila stalno na poslu. Kada dođem kući, morala sam da kuvam, perem... Odlazila sam u krevet u jedan noću, a ustajala u pet ujutro. Bila sam već na izmaku snage... I opet je počela da se javlja ona ista stara praznina, ono isto nezadovoljstvo. Mislila sam da neću, ako budem stalno radila, imati vremena za takva osećanja. Da ću ih potisnuti, izbrisati, zaboraviti... Međutim, nije bilo tako.

Radeći u našoj firmi, imala sam kontakte sa kolegama, muškarcima, koji su mi se udvarali. Važila sam za lepu, dobru i sposobnu ženu. Proganjalo me je to što su svi oni želeli da imaju nešto više sa mnom, a moj muž ne. Iako ga nisam volela, potajno sam želela da se naš odnos promeni, da se popravi. Da postanemo normalan bračni par i da se makar malo, zavolimo.

Nadala sam se da će se možda jednoga dana i među nama roditi ljubav... Ali, već predugo, to se nije događalo. Negde sam očigledno pogrešila... Mučilo me je – gde! Možda ga je odbijala moja želja i ambicija da od života dobijem najviše što se može. Što sam uvek želela da budem srećna, da živim bolje. Možda ga je baš to plašilo i odbijalo od mene...

Muškarci obično vole da budu u vezama zaštitnici slabih žena. Ja nisam bila jedna od takvih. Možda sam bila previše jaka za jednu ženu?!? Nikada mi nije bilo dosta... Želela sam lep život, da moja deca imaju sve što im je potrebno... Volela sam i žudela za lepim stvarima, za lepim rečima i pažnjom koju mi Žarko nije mogao dati. On nije znao da tako nešto uopšte postoji. Žudela sam za ljubavlju. Bila mi je potrebna ljubav!

Mislila sam da imam pravo da od života dobijem što više mogu. Izluđivala me je pomisao da imam muža, kom ništa ne treba osim cigareta, rakije i punog stomaka. Pitala sam se kakav sam ja to čovek, kada mi nikad nije dovoljno ono što već imam. Optuživala sam sebe da sam stvarno, kako je to Žarko umeo da kaže, večito nezadovoljna i da mi je uvek malo. Da sam prokleta! Govorila sam sebi da je on možda u pravu.

Ponovo se u meni javljao onaj stari osećaj krivice koji sam vukla još iz detinjstva.
"Za sve si sama kriva!" – odjekivao je u mome sećanju eho, davno izgovorenih reči moje majke.
Možda sam ja rođena loša i kriva... Zato on više ne oseća nikakvu želju prema meni. Zato se ponaša kao da ne postojim, zato sam za njega nevidljiva... - proganjala me je moja savest.

* * * * *

Da bih pobegla od misli koje su me neprekidno proganjale, bežala sam u posao i zato sam neprekidno smišljala nove obaveze. Želela sam da iscrpim svoje telo, da izbrišem svoje misli. Otvorila sam još jednu prodavnicu, pa još jednu...
Imala sam ih tri - i naravno, mnogo više posla... Između Žarka i mene ponovo su počele svađe. Meni je bilo potrebno da radim. Da imam što više posla i budem što uspešnija, da dokažem i sebi i drugima da makar na tom polju mogu nešto da postignem. Ako sam kao žena zakazala, želela sam da bar u tome budem uspešna. Svim silama sam se trudila da sebi dokažam da bar u nečem vredim.
Darko je prisustvovao našim svakodnevnim svađama. Već je bio i naviknut na to. Stefan je dolazio vikendom. Donosio je veš na pranje, odnosio čist i ispeglan. Nosio je kuvanu hranu u Novi Sad, da bi mogao da jede "kuvano" i tokom sedmice. Što se toga tiče, sve je i dalje nekako funkcionisalo, jer u suštini nikom ništa nije nedostajalo. Svi su imali oprano, ispeglano i skuvano na vreme. Samo je meni nedostajalo snage... Sve sam stizala, sve postizala, ali - bila sam sve umornija. Od brojnih obaveza i od života...
"Zbog čega se vas dvoje stalno svađate? To nije normalno! Bolje se razvedite i živite kao normalni ljudi!" – govorio je Stefan kada bi dolazio kući.

Imala sam osećaj da sam došla do ćorsokaka iz kog nije bilo izlaza. U međuvremenu, ponovo sam počela da sa-njam čudne snove. Uvek iste... Snove, koji mi nisu davali mi-ra - *stojim na nekakvom klimavom visećem mostu, držim se grčevito za otrulele konopce i drhtim... gledam u duboku provaliju ispod sebe i strepim... iščekujem trenutak kada će most popustiti i survati se zajedno sa mnom ...*

Bar dva, tri puta nedeljno, imala sam tu stravičnu noćnu moru. Bilo me je strah da odem na spavanje. Budila sam se sva mokra od znoja. Dodatno me je plašilo to, što mi se dešavalo da tako uspaničena u sred noći, probuđena strahom, odem u kupatilo da bih prekinula košmar. A onda, kada se vratim u krevet i ponovo zaspim, san se nastavi baš tamo gde je prekinut.

Dešavale su mi se i neke druge čudne, neobične i neobjašnjive stvari.

Vozim auto i taman pomislim da će me zaustaviti policija, to mi se i dogodi. Ili, pomislim da ću razbiti čašu i zaista je razbijem. Počela sam da se plašim svojih sopstvenih misli i snova. Kad sam o tome pričala svojoj deci, smejali su se i govorili mi da sam izgleda postala veštica. Niko nije ozbiljno shvatao u kakvom paklu živim.

Jedne noći, sanjala sam da sedim u svom starom „Stojadinu" i da čekam da natočim gorivo na benzinskoj pumpi. Iznenada, haubu mog auta je zahvatio plamen. Auto je počeo da gori, a ja sam se borila da otvorim vrata i da se nekako spasem. Bio je to grozan san!

Ustala sam ujutro sa strahom i nekom čudnom strepnjom u stomaku. Zaista sam morala otići da automobil napunim gorivom... Da bih ubedila sebe da sam opsednuta glupostima, rešila sam da krenem baš na tu benzinsku pumpu, iz svoga sna. A onda se desilo baš ono, od čega sam potajno strepela. Nisam mogla da verujem! San se gotovo ostvario! Jedino što je umesto plamena, ispod haube suknuo veliki dim, a radnici na pumpi su sprečili da mi se auto zapali. Mislila sam da ću se onesvestiti od straha. Pobegla sam iz automobila i nije postojala sila koja bi me naterala da ponovo sednem u njega.

Kući sam se vratila taksijem. Žarko me je dočekao, sa dobro poznatim, uvek istim komentarima, da stalno nešto umišljam i da su to samo puke slučajnosti i da ne treba obraćati pažnju na takve gluposti.

Za mene, to nisu bile gluposti. Jedino sam se po ko zna koji put pitala – šta se to događa sa mnom?

Počela sam da se plašim. Možda nisam normalna... Pažljivo sam pratila sve te takve "slučajnosti" i tražila odgovore na pitanje zašto su se desile... ali odgovore nisam pronalazila. Trudila sam se čak da pratim i vodim računa o čemu mislim. Da mislim samo na ono što želim da se desi.

Za to vreme, situacija u Srbiji je postajala sve teža. Došlo je do velike ekonomske krize. Na radiju i televiziji, pričalo se samo o tome. Inflacija je svakoga dana sve vrtoglavije rasla. Novac je postajao sve bezvredniji. Poslovanje je bilo sve teže. Neplaćeni računi su se gomilali, radnicima su plate kasnile, dugovanja su rasla a izlaz iz svega toga se u bliskoj budućnosti nije ni nazirao.

Svakodnevni stres i naporan rad, dovodili su do toga da svakoga dana imam temperaturu. Ali, ja nisam imala vremena da budem bolesna. Morala sam da radim i dalje... Vladala je opšta nestašica...

Dešavalo se da sednem u auto sa prikolicom, pa krenem u Valjevo po robu. Krenem da dovezem margarin. Valjevo je udaljeno nekih osamdesetak kilometara od moga grada. Dovezem tonu margarina i za pola dana ga više nema. Sve se rasproda. A sutradan, tim novcem koji sam "zaradila", ne mogu ni jedan račun da platim. Dok odem po robu i vratim se, inflacija mi pojede svu dobit. Tako je ispadalo da moram više da platim, nego što zaradim.

Iz dana u dan, situacija je bila sve gora. Sve dublje sam tonula u dugovanja. Da bismo opstali i da bismo se nekako izvukli iz sve većeg ponora, uzeli smo hipotekarni kredit. Tako smo se još više zadužili.

U sveopštem haosu koji je vladao u zemlji, na površinu su isplivali ljudi sa dna. Novca su imali samo prevaranti i oni koji su se bavili poslovima sa druge strane zakona. One poštene, nevolja je terala da se takvima obraćaju za "pomoć", a oni su odlično znali kako da na tuđoj nevolji, svojim prevarama, još više profitiraju.

Državne banke su propadale, ali zato su vlasnici banaka postajali oni, koji sa bankarstvom nisu imali nikakve veze. Oni, čiji se osnivački kapital zasnivao na laži i prevari nesrećnih, očajnih i osiromašenih ljudi koji nisu imali drugi izlaz. Koji su naivno poverovali da će obraćajući se takvima, dobiti još jednu šansu.

Tako je bilo i sa nama. Kada smo zapali u finansijski ćorsokak, obratili smo se čoveku kog su svi zvali Drago Ciganin i naravno dobili od njega "kredit". To je zapravo bila pozajmica, uz čisto zelenašenje, koje je i imalo za cilj da ojadi što više ljudi. Za kratko vreme, Drago je postao "bog i batina". Sve češće se u gradu moglo čuti kako je oduzeo kuću nekom svom dužniku i isterao njegovu porodicu na ulicu.

Niko mu nije mogao ništa. Imao je pare, a zahvaljujući parama i veze gde god je to bilo potrebno. Radio je šta je hteo i kako je hteo. Iskorišćavao je bezizlazne situacije jadnih ljudi koji su upali u krizu kao i mi. Banke nisu imale novac, a on je to koristio i uz nenormalno velike kamate davao svoje "kredite", da bi posle, zbog neizmirenih dugovanja koja su iz dana u dan sve više rasla, oduzimao imovinu tih nesrećnika.

Da nam, zbog dugovanja, ne bi oduzeli kuću, Žarko i ja smo smislili plan. Rešili smo da se fiktivno razvedemo. Bio je to naš dogovor, kako bismo bar nešto sačuvali. Kuća se vodila samo na njegovo ime, a firma se vodila na moje.

Razveli smo se veoma brzo i lako. Dvadeset pet godina braka, izbrisano je tek tako, za nekoliko minuta. Dvadeset pet godina ispunjenih samo ponekim, retkim, lepim trenutkom, ali zato prepunih mnogobrojnih svađa, patnje, nezadovoljstva, nerazumevanja, veoma često čak i mržnje... Posle razvoda, osetila sam neko čudno i neobjašnjivo olakšanje. Osećala sam se kao da sam se oslobodila nekog teško podnošljivog tereta. Osećala sam se oslobođeno, kao da smo se stvarno razveli, a ne samo formalno, zbog kuće.

Na kraju se ispostavilo da je naš razvod bio uzaludan. Žarko je morao, bez obzira na to što smo se razveli, da potpiše dokument na kojem je stajalo da dozvoljava prodaju imovine koju smo zajedno stekli u braku, ako dođe do prinudnih potraživanja dugova koji su napravljeni dok smo bili zakonski supružnici.

Život u Srbiji toga vremena je bio pasji. Inflacija je kosila zemlju. Svi su jedva preživljavali. Razbuktao se rat između Srba i Hrvata u Hrvatskoj, ubrzo potom i u Bosni...

Iz ratom zahvaćenih područja su pristizale izbeglice na traktorima i zaprežnim kolima, bežeći od rata u Srbiju. Mi smo imali kuću sa dva stana i mislili smo da nam je dužnost da pomognemo tim jadnicima... Želeli smo da nekoga smestimo kod nas. Premestili smo se na sprat, a prizemlje smo oslobodili.

Sa Darkom sam otišla u sabirni centar koji je bio pun žena, dece i starih ljudi koji su pobegli od rata i kojima je pomoć bila neophodna. Bilo je veoma tužno gledati te jadne ljude koji su bežali od noža, granata, metaka i spasavali gole živote noseći sa sobom samo ono što su u svojim rukama mogli poneti. Sve me je to jako pogađalo. I pored svih dugovanja, mi smo imali mnogo, u poređenju sa tim jadnicima.

U toj gomili nesrećnika, ugledala sam jednu mladu majku sa malim detetom koje je stalno plakalo. Dečkić je preživeo bombardovanje i plašio se svakog zvuka. Doveli smo ih u svoju kuću – Slavicu, sa malim Pavlom i sestrom Verom.

Nisu imali ništa osim svoje garderobe. Samo goli život. Naravno da nismo tražili da plaćaju kiriju... Slavica je počela da radi u našoj prodavnici, da bi nekako prehranila porodicu i stvarno je davala sve od sebe. Trudila se, kao da je prodavnica njena sopstvena.

"Da vam se barem malo odužim za sve dobro koje ste mi pružili" – umela je da kaže i da se zaplače.

Njena zahvalnost me je pogađala. Nisam mislila da treba da odrađuje naše dobročinstvo. Davali smo joj platu kao i svim ostalim radnicima, bez obzira na to što nije plaćala stanarinu. Nekako se podrazumevalo da treba da bude tako.

Inflacija nas je sve vrtoglavo vukla u bezdan. Novca više nije bilo dovoljno ni da platim kiriju za prodavnice. Tri prodavnice su trostruko uvećavale već i onako veliki minus. Nisam znala šta da radim i kako da se izvučem iz te teške situacije. Danju sam radila i trčala za poslom, a noću nisam mogla da spavam od nagomilanih problema.

Na sve strane propadale su prodavnice i preduzeća, koja su godinama dobro poslovala. Većina ljudi je došla do toga da ni za hleb više nije imala. Političari su se pravdali da su "izbeglice" bile dodatni problem. Milion izbeglih sa ratnih područja nije bilo malo. Trebalo je tolike ljude samo nahraniti...

Među onima koji više nisu imali dovoljno ni za hranu, bili su i moji otac i majka. Otac je, u to vreme, od cele svoje penzije mogao da kupi samo jednu kutiju cigareta. Da bi uopšte preživeli, nosila sam im, barem od potrepština, sve što im je bilo potrebno. To se, nekako, podrazumevalo. Koliko god da smo i mi bili u finansijskim problemima i kakvi god da su prema meni bili, bili su mi roditelji. Nisam mogla da pustim da umru od gladi. Iako ni mi nismo imali, morala sam im pomoći...

Bolelo me je jedino to, što baš nikada nisu pokazali ni trunku zahvalnosti. Oni su podrazumevali da to tako treba, da je to moja obaveza... Nikada me nisu pitali imamo li mi i

kako mi preživljavamo. Nije ih interesovalo kako uopšte uspevam da im obezbedim sve to što su od mene očekivali.
Smetalo mi je to, ali i dalje sam se trudila da sve funkcioniše na isti način. Njihov odnos prema meni se svodio na – "daj i ćuti". Oduvek je bilo tako. Morala sam ćutati i raditi onako kako oni hoće, samo da bih zadovoljila kriterijume svojih roditelja i bila dobra kći. A ipak, nikada im nisam bila dovoljno dobra, bez obzira na to šta i kako radila. To me je bolelo. Bila sam odrasla žena, koja se i dalje trudi da zadobije pažnju i ljubav svojih roditelja...
U svom tom ludilu koje me je okruživalo, svakoga dana sam se osećala sve lošije. Na kraju sam morala otići kod lekara. Ustanovili su da svi moji problemi potiču od teške fizičke i psihičke iscrpljenosti, koja je rezultirala teškom upalom pluća i opasnošću od sloma živaca. Doktori koji su me pregledali, bili su saglasni da odmah moram prestati da radim i otići negde da se lečim i zaboravim na sve probleme. Rekli su mi da su, ako to ne učinim, njihove prognoze krajnje zabrinjavajuće. Moje zdravstveno stanje bi moglo postati kritično.
U to vreme, naše apoteke su bile potpuno prazne. Nije bilo ni najosnovnijih lekova. Vladala je nestašica čak i antibiotika i injekcija. Nisam ni imala mogućnosti da se lečim. Naprosto, u zemlji, ničeg nije bilo. Ako se i moglo nešto naći, to je bilo "preko veze", "ispod žita"...
Čak, da sam to i uspela - jedna injekcija bi me koštala pet maraka, a to je bilo nečijih četiri ili pet plata. S druge strane, kako sam mogla da odem bilo gde, da pobegnem i ostavim sve koje sam imala u tolikim problemima?
Svakoga dana mi je bilo sve lošije...

* * * * *

A onda sam dobila poziv od moje tetke, koja je živela u Francuskoj. Zvala me je da dođem kod nje, da se bar malo oporavim i da me odvede na sve preglede tamo, u njihovu bolnicu. Molila me je da to prihvatim i ubeđivala da će sve troškove ona snositi. Na kraju sam morala popustiti...

Sela sam u autobus koji je vozio do Ženeve. Tu me je čekao moj brat Mitar, koji je već nekoliko godina živeo u Francuskoj. Dogovorili smo se da me on odveze kod tetke, kod koje ću provesti dve nedelje. Ona će me tamo voditi na preglede, sve dok ne ustanove šta mi je.

Autobus je bio pun "gastarbajtera", koji su se dok pričaju, "gađali padežima", izuvali cipele, osećali na znoj, pili i pevali. Uprkos tome, posle dugo vremena, vozeći se sa njima u autobusu, osetila sam se slobodno i od srca sam se ponovo smejala. Nije mi smetalo ni što vožnja dugo traje, ni što je autobus star i rasklimatan, što u njemu zaudara na prljave čarape... Ništa mi nije smetalo...

Potisnula sam sve svoje probleme i osećala sam se lepršavo, kao ptica. Bila sam napokon puna života. Uživala sam u prelepim predelima i prizorima Italije, Švajcarske i Francuske. U notes sam upisivala ime svakoga grada koji mi se svideo i u kome bih volela da živim. Na kraju je ispalo da mi se svaki grad sviđao i da bih volela da živim bilo gde, samo ne u Srbiji. I tada sam shvatila šta je to što ja ustvari hoću!

Zaključila sam da zapravo hoću da odem što dalje od Srbije. U jednu, od ovih divnih zemalja! Nisam mogla biti srećna tu, gde živim sada. Kod svoje kuće, u svojoj zemlji, nikada nisam imala osećaj da tu i pripadam. Želela sam da odem...

* * * * *

Brat me je sačekao u Ženevi, onako, kako smo se i dogovorili. Popili smo kafu i krenuli dalje. Kod tetke...
Dok smo se vozili serpentinama koje su krivudale između planinskih venaca, putem od Ženeve prema Francuskoj granici, uživala sam u zelenim visoravnima koje su se poput dokonih mačaka protezale među brdašcima obraslim četinarima. Put je jednim delom vodio i duž useka koji je ličio na kanjon iz čije dubine je dopirao huk brze planinske reke.
Moje oči su uživale u prelepoj slici prirode, a moje misli su, posle ko zna koliko vremena, spokojno bile usredsređene jedino na lepotu koja me je okruživala. A onda sam poskočila u svom sedištu. U stomaku me je preseklo. Jedva sam uspela ponovo da udahnem. Moje širom otvorene oči, ostale su prikovane za prizor koji se ukazao ispred nas.
"Mitre, stani!" – viknula sam krkljajući. Mitar, prepadnut od mog vriska, naglo je zakočio.
"Pobogu, šta ti bi? Prestravi me!" – gledao je u mene ništa ne shvatajući.
"Eno ga moj most!" – derala sam se i dalje, udarajući ga po ramenu i pokazujući mu gde da gleda.
"Kakav tvoj most? Šta je s tobom?" – gledao me je zabrinuto.
"Pa, moj most! Most koji već godinama sanjam!"
Okrenula sam mu glavu prema visećem mostu, koji je stajao iznad provalije i spajao stranu na kojoj smo bili, sa stranom nasuprot nas. Sve je bilo kao u mom snu!
Izašla sam iz auta i kao začarana krenula prema njemu. Mitar je krenuo za mnom, ne verujući šta se sa mnom dešava. Koračao je uz mene, pridržavajući me za ruku. Stala sam ispred mosta i kao opčinjena gledala i ćutala. Nisam mogla da verujem svojim očima. Nisam verovala da mi se tako nešto događa! Godinama sam sanjala ovaj most i

napokon sam ga, eto, pronašla. Imala sam nenormalno čudan osećaj da sam budna, ali da sanjam. Nisam mogla sebi da objasnim... Izgubila sam potpuno pojam o tome šta mi se dešava. Da li je to java ili...
Opet stojim na klimavom visećem mostu. Držim se grčevito za otrulele konopce i drhtim... Plašim se... Gledam u duboku provaliju ispod sebe i strepim... Iščekujem trenutak kada će most popustiti i survati se zajedno sa mnom ... Ljulja se, ali ja dižem glavu... Koračam... Ne gledam više u provaliju... Gledam pravo i dalje koračam... Korak po korak... I... prelazim ga! Na drugoj sam strani!
I odjednom se u meni javio osećaj da sam najzad stigla tamo gde treba. Nikada neću moći tačno da opišem šta se u meni tada zbivalo, ali sam nekako bila sigurna - došla sam na mesto, na koje sam morala doći. Kockice su se najzad složile...
Osećala sam u dubini svoje duše, da sam morala doći ovde. Zašto - ne znam. Nije mi bilo jasno ni šta mi se sve to događa, ni zašto.
A onda, kao da sam se probudila iz sna...
Preda mnom je i dalje stajao most... Bio je star... i nije više bio za upotrebu. Ispred njega je stajala velika tabla o zabrani prelaska preko mosta. Ispod njega je bila ogromna, duboka provalija, koje sam se tolike godine plašila...
I dalje sam osećala nelagodnost i strah, dok sam prilazila ogradi, kojom je bio zatvoren prilaz do njega. Želela sam bar da se slikam pored tog mosta i da tu sliku čuvam kao uspomenu. Kao dokaz da on postoji...
Kada sam Mitru, onako uzbuđena, ukratko ispričala o čemu se radi i šta meni znači taj moj most, samo se prekrstio i rekao:
"Ti nisi normalna! Prvi put u životu čujem za tako nešto! Kako mogu da se događaju takve stvari?"
Onda sam mu ispričala i sve što sam ranije sanjala i što se ostvarivalo. Nije mi verovao. Savetovao mi je da posetim

pshijatra. Mislio je da sa mnom nešto nije u redu. Delimično je i bio u pravu. Meni je svakako "nešto falilo", ali sam sve više bila ubeđena da to što mi fali ne može da mi obezbedi psihijatar... Da se za to moram izboriti sama...

* * * * *

Mnogo godina kasnije sam u Nemačkoj došla u kontakt sa nekim Nemcima i jednim Rusom, koji su se bavili analizom snova. Hteli su da mi stručno, na seansama, objasne kako i zašto mi se sve to događalo, ali nisam imala ni vremena ni novca da sve to započnem, iako sam veoma želela. Želim to i danas...

* * * * *

U Francuskoj me je moja dobra tetka negovala, mazila, pazila na mene, lečila me i pružala mi sve ono što moja majka nije umela ili mogla... Nesebično mi je pružala ljubav i osećaj da nešto vredim. Da je dobro što postojim! Moja draga, dobra tetka posvetila se u potpunosti mom ozdravljenju... Kod nje u gostima sam zaboravila na sve probleme. Mislila sam jedino na svoju decu i sebe.

Lepo mi je bilo tih dana, dok sam gostovala i boravila kod moje tetke. Oporavila sam se i fizički i psihički, a onda, morala sam se tako oporavljena, ponovo vratiti nazad, u svoju crnu svakodnevicu.

Moj povratak kući iz Francuske, bio je teži nego što sam očekivala. Inflacija je u međuvremenu, obezvredila sve. Više se uopšte nije moglo poslovati. Jednostavno, za to više nije postojalo načina. Svakim novim danom dugovanja su bila sve

veća, ali i nestašice životnih namirnica - mleka, hleba i svega ostalog... Nije bilo ni benzina, nije više bilo ničega...
Dočekala me je samo hrpa neplaćenih računa i dočekale su me reči moga muža:
"Radi sad šta znaš i umeš! Firma je tvoja! Sad se izvlači kako znaš i umeš. Ja imam svoj posao!"
Tešila sam sebe da je on očiti dokaz "one narodne" - da kad brod tone, pacovi prvi beže. Dok je bilo dobro, dok je bilo novca, firma je naravno pripadala i njemu. Hvalio se svima kako uspešno posluje, kako je vlasnik uspešne firme... A sada, sada kada se nazire propast, firma je samo moja i naravno, sva dugovanja su samo moja.
Sada sam samo ja bila kriva što više nije kao pre, što je došlo do potpunog bankrotstva. Uz sve to, došla su i ogovaranja komšiluka:
"Jadan Žarko! On samo radi, a ona se samo doteruje. Još u ovakvim vremenima putuje po belom svetu! Pogledaj dokle je doterala tu njihovu firmu..."
Propadali su svi oko nas, propala je i cela država, ali izgleda da tako nešto, meni, nije smelo da se dogodi. Bilo je to vreme, u kom su i mnogo pametniji od mene propali.
Morala sam zatvoriti sve naše prodavnice i otpustiti svo zaposleno osoblje. Uz nas, bez posla je ostalo još osamnaestoro ljudi. Tražili smo na sve načine izlaz iz nedaća u kojima smo bili. Pitali smo se, kako i kuda krenuti?
Osim toga što sam žudela za tim da ponovo odem u inostranstvo, jedini izlaz koji se i mogao nazreti, bio je upravo taj. Ponovo otići, početi sve ispočetka i spasti od života ono, što se spasti može. Pokušavala sam da pronađem način da to i ostvarim.

Odlazak u Italiju

Bilo je to i vreme, u kom više nikome nisi mogao verovati. Ljudi su uvideli da na pošten način ne mogu da prežive, pa su oni, koji su i inače bili "kvarljiva roba", jedva dočekali da se prevarama domognu novca. Iako sam to znala, u meni je još uvek tinjala nada da nisu baš svi takvi, pa sam pokušala da preko jedne agencije nabavim potrebne papire za Žarkov i moj odlazak u Italiju. Vlasnik agencije nas je uveravao da će sve biti odrađeno pošteno, da ne treba da brinemo. Koliko god da sam bila skeptična prema takvim "kombinacijama", poverovala sam mu, jer je delovao ozbiljno i odrađivao sve kako je obećao.

Sve je bilo u redu, dok mu nismo dali novac. A onda, ima u mom narodu jedna izreka koja kaže: "Obećanje – ludom radovanje". Od njegovih obećanja nije ostalo ništa. Preko noći nestao je i on i njegova agencija, a nestale su i naše pare. Ostali smo jedino mi, nasamareni, prevareni, ojađeni...

Izgubili smo silan novac, koji nismo imali, koji smo na jedvite jade pozajmili. Bili smo u još goroj situaciji, iz koje nismo videli izlaz. Morali smo ponovo da pokušamo, ali ovoga puta sami... Krenuli smo u Rim, sa nadom da ćemo u njemu ostati i da ćemo tamo dobiti neophodne papire.

U međuvremenu, Slavica, naša stanarka, vratila se sa sinom i sestrom u Bosnu. Želela je da bude sa svojim mužem, jer je bila trudna i htela je da rodi dete tamo, u Bosni, u svojoj kući i u svojoj porodici. Rat je toliko dugo trajao, da je i prestala da ga se plaši. Želela je samo da ode što pre.

"Ako je suđeno da poginem, poginuću. Znam samo da ovako više ne mogu!" – brada joj se tresla – "Ako rodim devojčicu, dobiće tvoje ime, Natalija." – zaplakala je, grleći me. I ja sam bila jako potresena. Bilo mi je žao što odlazi, ali sam je razumela. Srce ju je vuklo njenom mužu i morala je otići...

Na njihovo mesto je došla jedna druga porodica. Činili su je stara baka sa sinom, snahom i dvoje male dece. Oni su pobegli iz Hrvatske. I oni su doživeli golgotu. Mogli su da biraju – ili da ih sve pokolju, ili da ostave svoj kućni prag i sve što su do tada stekli u životu. Pobegli su da bi spasli žive glave na ramenima. Primili smo ih i ostali su da stanuju kod nas besplatno, više od jedanaest godina, jer nisu imali novca... Bili su čestiti i dobri ljudi u koje sam imala puno poverenje, a pokazalo se i da je bilo dobro to, što su stanovali kod nas... Vodili su računa o našem sinu Darku i o našoj kući, kada smo nas dvoje otišli u Italiju...

Dolazak u Rim, iz Srbije, u kojoj je siromaštvo bilo prisutno na svakom koraku, izgledao je kao ostvarenje najlepšeg sna... Oko nas se prostirao živ, milionski grad, sa nasmejanim ljudima koji na sve strane žure nekuda, poput mrava, noseći u rukama pune kese hrane, odeće i svih onih lepih stvari koje se tamo, odakle smo došli, nisu mogle ni videti, čak ni zamisliti...

U vazduhu se osećalo da svuda unaokolo teče i struji život. U ovom gradu, vreme nije bilo stalo kao u našoj zemlji. U vozu, autobusu, na klupama u parku - ljudi su čitali knjige. Nigde nisam videla toliko ljudi koji svuda i na svakom mestu čitaju, kao u Rimu. Pored sve te lepote, mogla se videti i ona druga strana, manje lepa. Rim je bio prepun prosjaka, koji su stajali na svakom ćošku, sa ispruženom rukom. To je donekle kvarilo predivnu sliku veličanstvenog Rima.

"Prego, ho fame", - molili su za malo novca.

Rado bih im nešto dala, ali ni sama nisam imala. Mogla sam komotno stati pored njih, da i meni neko udeli koju paru. I te kako bi mi značila. Uprkos svemu, u Rimu sam se osećala divno. Stopila sam se sa tom živom slikom lepote, blagostanja, sreće i nakratko zaboravila na probleme. Srce mi je ispunila nada da ću baš tu, naći sve ono što tražim. Samo neprestano sam se pitala, šta je to što ja tražim... Ni sama nisam tačno znala.

Za početak, tražila sam spas iz katastrofalne materijalne situacije! Htela sam da nađem posao i da zaradim dovoljno novca da spasem našu kuću od propasti. Htela sam da skinem hipoteku sa kuće, htela sam da Drago Ciganin ne stavi svoju pokvarenu zelenašku ruku na moju imovinu i da ne oduzme mojoj deci krov nad glavom!

Sav novac koji smo poneli, dali smo unapred za stanarinu. Jedino tako smo mogli dobiti boravišne i radne papire. Ništa nam nije ostalo. Moje prvobitno oduševljenje se lagano pretvaralo u paniku... Posao je bilo teško naći, a prosjaci kojih su bile pune ulice, bili su zapravo stranci koji su ležali i sedeli po ćoškovima, prosili da prežive i nadali se ostvarenju svojih snova. A i ja sam u ovom gradu bila stranac...

Duboko u sebi, pitala sam se - *čeka li i mene ista sudbina kao i te jadnike? Da li ću u ovom gradu naći tu sreću koju sam očekivala?*

Nisam nalazila odgovore. Što se posla tiče, situacija nije izgledala ružičasto, a u Srbiji su nam ostala deca. Trebalo je i njima slati novac za život, a ja još uvek nisam znala odakle i kako da ga stvorim ...

Darko još nije bio ni punoletan, a morali smo ga ostaviti samog. Stefan je bio na fakultetu, u drugom gradu. Izjedala me je briga za njima. Neprekidno sam brinula - šta li rade, šta li jedu, imaju li novca? Imali smo barem sreću što smo primili onu porodicu izbeglica da stanuju kod nas. Brinuli su se o Darku, kao da je njihov rođeni sin.

* * * * *

Stan koji smo iznajmili, bio je lep i veliki. Gledao je na more. Ali vremenom, sva ta lepota koja me je okruživala, počela je sve manje da mi znači. Išla sam ulicama u potrazi za poslom, kao izgubljena. *Šta raditi i kako?* – jedino sam time bila opsednuta - *Nema posla... Nemam novca ni za nas ni za našu decu.*

Dok bih odlazila u prodavnicu, da kupim nešto malo hrane, zavidela sam ljudima koji su ispred sebe gurali kolica prepuna mesa, mleka, voća, slatkiša... dok mi u Rimu, a naša deca u Srbiji, nismo imali ništa. Uvek bih iznova snažno poželela da se to promeni, da konačno dođu bolja vremena. I, u dubini duše, osetila bih olakšanje. Znala sam da će taj dan jednom doći.

Žarko je dane provodio sedeći u obližnjem baru. Igrao je šah i čekao da ga neko pozove i ponudi mu posao. Ali, od toga nije bilo ništa... Ja sam uspevala ponekad da pronađem nešto, uglavnom poslove koji su podrazumevali čišćenje stanova ili pranje prozora, ali sve su to bili poslovi na nekoliko sati, ili eventualno na dan-dva. To nam nikako nije moglo obezbediti ni novac za hranu, a kamoli za ono, zbog čega smo došli u Italiju.

Na kraju je Žarko izgubio strpljenje. Dosadilo mu je sve i jednog dana mi je saopštio da on hoće da se vrati u Srbiju, našoj kući. Izgovor mu je bio, da ako već mora besposlen da sedi, onda je bolje da sedi tamo sa decom, jer ovde i ovako i onako nije ni od kakve koristi. Rekao mi je da će se vratiti ako mu nađem posao i otišao... Otišao je i ostavio me samu, bez prebijene pare. Ostavio me je da se pitam - šta sada da radim?

Rešila sam da sreću okušam u Ostiji, gradiću u blizini Rima, u koji sam bila došla u potrazi za poslom. Prva osoba koju sam u Ostiji upoznala bila je Beti, Italijanka, koja mi je brzo postala bliska, kao sestra. Sa njom sam mogla da pričam o svemu. Italijanski sam znala jako slabo. Sporazumevale smo se kako smo znale. Kad treba i nogama i rukama.

Ali, kada su ljudi bliski, uspevaju da se razumeju čak i kad ne govore istim jezikom. Ona mi je rekla da odem u rusku crkvu, da tamo potražim pomoć. Otišla sam tamo i sve ispričala svešteniku. Isplakala sam se, oslobodila dušu pritiska i malo olakšala sebi. Saslušao me je, ali pomoć nisam dobila.

"Idi u "Karitas", kćeri, tamo ćeš dobiti da jedeš" – bilo je sve što mi je rekao.

Moja nadanja da će mi pomoći, nisu se obistinila. "Karitas" je bila reč za koju sam čula i koja mi je zvučala strašno.

Znala sam da je "Karitas" međunarodna humanitarna organizacija pri rimokatoličkoj crkvi, koja je pomagala siromahe i prosjake. Bolelo me je što sam i ja spala na to, da moram da im se obratim, da bih nešto pojela. To je značilo da sam i ja jedna od njih! Ta činjenica me je sasvim dokusurila, ponizila... Nisam mogla ni da zamislim da ću pasti tako nisko.

U vreme dok sam imala tri prodavnice, u periodu pre inflacije, kod kuće smo imali sve! Nije postojalo nešto što smo poželeli, a nismo mogli sebi priuštiti. Bilo je dovoljno novca, imali smo tri automobila... Živeli smo, barem sa te, materijalne strane sjajno. A sada sam došla dotle, da idem da prosim milostinju u "Karitas". Stid i sram su me proždirali.

Na kraju, šta sam drugo mogla da uradim? Nisam imala kud. Nisam imala drugog izbora! Morala sam pogaziti svoj ponos. Gladan stomak ne pita imaš li ponosa ili ne. Ne pita ni gde ćeš jesti. A, kad dođeš do kraja, nije bitno ni šta jedeš - važno je samo to, da je stomak pun...

Sala "Karitasa", bila je prepuna jadnika kao što sam ja. Svi su sedeli pognute glave i jeli ono što im je dato. Jela sam i ja... Pogledom koji je bio fiksiran na tanjir, a da pri tom nisam ni registrovala šta je u njemu, pokušavala sam da progutam ono što sam halapljivo gurala u usta. Činilo mi se da ću se udaviti. Nisam smela da podignem pogled. Suze su mi neprekidno navirale, ali sam se nadala da iza naočara koje nosim, to niko neće primetiti. A onda sam podigla glavu i rekla sebi: *Ovo je samo na nekoliko dana. Neću dugo ovde ostati! Već ću se nekako snaći... Naći ću posao – kako znam i umem!*

Dva dana kasnije sam počela da radim u jednoj šnajderskoj radnji. Radila sam svakoga dana, po četiri sata dnevno, za platu od četiri stotine maraka mesečno. Samo za stanarinu mi je trebalo sedam stotina.

Morala sam nastaviti i dalje da jedem u "Karitasu". Radovalo me je kada pada kiša, jer sam tada mogla da se sakrijem iza kišobrana, da ljudi ne vide gde ulazim i gde se hranim. Bio je to izuzetno težak i bolan period mog života. Ali, ne postoji životna situacija na koju čovek ne može da se navikne. U međuvremenu i ja sam se navikla na svoju sramotu. Iz svoje kože nisam mogla. Bilo mi je jedino važno živeti i preživeti.

Žarko, u međuvremenu nije znao ni šta će, ni kuda će sa sobom. Naravno, ponovo mu nije odgovaralo u Srbiji, pa je rešio da se opet vrati u Italiju. Posao u Italiji nije vapio za njim, pa nije bilo druge, nego da i on počne da ide u "Karitas", zajedno sa mnom. Za razliku od mene, njemu nije previše teško padalo to što se tamo hranimo.

Kod kuće, osim čaja, svakako nismo imali ništa. U "Karitasovoj" kuhinji smo dobijali svakoga dana, barem ručak. Vremenom sam, koliko god da me je bilo sramota, naučila da se snalazim. Za vreme ručka bih zatražila dodatnu krišku hleba, ponela je u stan da bih imala šta da pojedem za večeru, jer inače ne bih jela ništa i morala bih gladna u krevet. To su zaista bili teški i crni dani.

Najteže od svega mi je bilo to što nisam imala šta da pošaljem deci. Nije bilo dana da nisam pomislila da li oni imaju šta da pojedu. Tešilo me je to što sam znala da se Stefan nekako snalazi u Novom Sadu. Nešto kupi, pa proda i tako još ponešto malo i zaradi. Darko se hranio kod naših stanara...

Najteže mi je bilo to, što je moja majka živela samo pedeset kilometara daleko od njega, a nikada nije otišla da ga obiđe i da vidi kako je. Nikada ga nije pozvala barem da pita da li mu nešto treba, ima li šta da jede. Bilo mu je kao da nije ni imao babu...

Na Žarka sam prestala da računam... Bio mi je samo dodatno opterećenje. Znala sam da od njega nikakve koristi neću imati, ali nisam mogla da dozvolim da otac moje dece nema šta da jede. Doduše, on je bio zadovoljan i "Karitasom", ali mene je nerviralo to što sam primećivala da je utonuo u totalnu letargiju, da se zadovoljavao time što ima bar taj besplatan ručak i da ne čini baš ništa da pronađe posao i da situaciju promeni.

Nisam znala šta ću i kako ću dalje. Kako da pronađem neki izlaz? Sopstvena koža mi je bila tesna, činilo mi se da ću pući, eksplodirati... Naravno, nije bilo ni govora o tome da se vratimo u Srbiju. Tamo je bilo još gore. Morali smo, dakle, tu, gde smo bili, tražiti i pronaći izlaz za sve nas. Noći su mi bile najteže. San mi nikako nije dolazio na oči.

Žarko je ležao u svom krevetu i spavao. Hrkao je, dok sam ja budna, mislila na decu. Mislila sam da ću da svisnem. Neprekidno sam se pitala kakav je to život koji vodim. Razdvojena sam od dece, živim u Italiji, a nemamo ni da jedemo. Misli su mi stalno vitlale u krug. Molila sam Boga da negde pronađem makar hiljadu lira - to je bilo oko stotinu maraka – i da ih pošaljem deci.

A onda, sećam se... bila je nedelja... Žarko je kao i uvek, igrao šah u baru. Rešila sam da posle ručka u "Karitasu" odem pravo u stan. Ulica je bila pusta. Nigde nije bilo nikoga... Meni su, kao i uvek, u mislima bila moja deca. Tog trenutka je pored mene naišao jedan bicikl sa dva mladića, koji su vrištali, kikotali se i mlatili rukama i nogama na njemu. Pomerila sam se u stranu da ih propustim i odjednom sam ugledala kako iz njihovog pravca prema meni leti crni novčanik, praveći polukrug, poput duge i pada tačno pred moje noge.

Stajala sam skamenjena, nisam mogla da verujem svojim očima. Mislila sam da haluciniram. Oni momci su već odavno bili otišli i nestali nekud, svojim putem. U blizini nisam videla nikoga. Uplašila sam se... Nisam znala šta da uradim... Da li da uzmem novčanik ili ne? Okrenula sam se da proverim hoće li me neko videti.

Nigde nije bilo nikoga. Imala sam osećaj da sam lopov, da kradem... Ali, opet, nada da ću možda u tom novčaniku pronaći preko potreban novac, bila je jača i od savesti i od straha, od svega drugog... Na brzinu sam zgrabila novčanik, stavila ga u tašnu i brzo se izgubila u prvoj sledećoj ulici. Nisam imala hrabrosti da ga otvorim, sve dok nisam ušla u naš stan. Kada sam ga otvorila - zaprepastila sam se. U novčaniku je bilo tačno onoliko novca, koliko sam želela da imam – sto maraka.

Samo na trenutak sam se zapitala ko mi je taj novac poslao. Koja viša sila? Te pare su mi bukvalno pale sa neba. Nisam znala odgovor na svoja pitanja ni tada, a ne znam ga ni danas. Znam samo to, da mi se i posle toga u životu često desilo, da mnogo toga što poželim, na neki neobjašnjiv način i dobijem.

Sutradan sam odmah taj novac poslala deci i nije me pekla savest. Bila sam iskreno zahvalna onim momcima, ali i tamo nekome gore, nekome, zahvaljujući kome je taj novac pao pred moje noge.

Žarko nije mogao da veruje. Ponovo je počeo da tvrdi da sam veštica... Nije mi bilo važno, sve i da jesam. Najvažnije mi je bilo to, da sam deci poslala makar malo novca. Sve ostalo je bilo nevažno.

Dani su prolazili jedan za drugim, potpuno isti i bez ikakvih promena ili nade da će biti bolje. Ja sam pomalo i zarađivala, ali Žarko, baš ništa. Nije našao nikakav posao. Tu i tamo bi jedva nešto malo odradio, ali izgleda za nekakav bolji život, nije bilo. Nisam više znala šta da radimo. Rok za vraćanje kredita koji smo bili uzeli, polako, ali sigurno se topio. Znali smo da, ako ga ne vratimo, naša kuća ide "na doboš".

Razdirala me je pomisao da ćemo možda izgubiti kuću zbog neplaćenih dugovanja i da će naša deca završiti na ulici. Nisam smela ni da razmišljam o tome. Pored svih tih briga, počeli su da me muče i neki "moji", neobjašnjivi nemiri. Osećala sam nagoveštaje nekakve nove nesreće...

Ni sama nisam znala zašto, ali Stefan mi je neprekidno bio u mislima. Često sam se sa njim čula telefonom. Međutim, iznenada, neki neuobičajen nemir mi se uselio u dušu i osetila sam strahovitu potrebu da ga čujem.

Zvala sam prvo dom gde je stanovao sa ostalim studentima, nije mi se javljao. Probala sam kod kuće, ponovo mi se niko nije javio. Normalno je bilo da mi se Stefan javi kad ga pozovem, a još češće je on mene zvao. Osećala sam da se nešto dešava. Da nešto, nije u redu...

Tri-četiri dana pokušavala sam da ga dobijem telefonom. Na kraju sam jednog dana ustala u pet sati ujutro i sa telefonske govornice ponovo nazvala. Računala sam da u to vreme mora biti ili kod kuće ili u domu. Opet ništa... Nije bilo odgovora... Svakim delićem svoga tela sam predosećala nesreću.

Posle nekoliko dana sam primila vest da je moj sin imao saobraćajnu nesreću, u kojoj su trojica njegovih drugova poginuli, a on je bio teško povređen.

Ne postoje reči kojima se može opisati taj bol i tuga, taj strah sa kojim se majka suoči pred mogućnošću gubitka rođenog deteta. Pred očajničkom mišlju - da li će preživeti i groznim osećanjem nemoći da mu pomogne.

Više od života sam želela da što pre odem kod njega. Da ga vidim, da se uverim da je živ. Da ga zagrlim i utešim, da podelim sa njim tugu, da bar vidim kako mu je - a nisam mogla. Nisam imala novca da platim kartu do Srbije. Proklinjala sam svoj život, svoju sudbinu, užasnu nemaštinu. To, što sam na najgori mogući način, upoznala šta je siromaštvo. Proklinjala, plakala, cvilela poput ranjenog psa... Ta nesreća je ostavila duboke tragove u Stefanovoj duši. Gledao je svoje mrtve drugove pored sebe i zamalo i sam umro. Beskrajno mi je bilo žao njegovih drugova, ali, bila sam srećna i zahvalna Bogu, što me je poštedeo najstrašnije tragedije, što mi nije uzeo moga sina...

I opet sam obećala sebi – ostaviću Žarka i naći sebi čoveka koji mi može obezbediti normalan život! Naći ću čoveka koji se bori za svoju porodicu. Koji ne gleda samo kako će da preživi od danas do sutra. Čoveka sa kojim neću dolaziti u ovakve situacije - da nemam novca ni za voznu kartu da odem da obiđem teško povređenog sina...

U svom histeričnom, nemoćnom besu, to sam Žarku i rekla. Njegov odgovor je bio:

"Nije me briga! Možeš, ako želiš, odmah da me ostaviš!"

Sa Stefanom se, na svu sreću, sve dobro završilo. Preboleo je svoje spoljašnje, fizičke povrede, ali u duši je dugo, dugo patio za svojim izgubljenim drugovima. Na licu mu je ostao vidljiv, ali zarastao dubok ožiljak, ali onaj nevidljivi, onaj u duši, bio je mnogo dublji i opasniji.

Taj ožiljak, nikad nije zarastao. I dan-danas često prokrvari, ali on ga stoički nosi i nosiće ga zauvek, jer to su stvari koje se nikada ne mogu preboleti. A Stefan je dobar, osetljiv, osećajan i zbog toga je sve to još teže podneo.

Na svu sreću, svako zlo, kao i sve u životu, ima i svoj kraj. Strah za Stefanov život je okončan i morali smo da gledamo šta dalje. Posle tri meseca smo prestali da idemo i u "Karitas". Malo po malo, počeli smo da zarađujemo, barem

toliko da smo mogli sami da se prehranimo, a uz to i da nešto novca pošaljemo deci. To je bilo sve, ali to nije bilo dovoljno..
   Ništa više od toga, sebi nismo mogli priuštiti... Opstajali smo, ali, za vraćanje kredita trebalo je prikupiti dosta novca, a nama, nakon zadovoljenja osnovnih životnih potreba, nije ostajao ni dinar viška. A zadati rok je uskoro isticao...

*****

   Jednoga dana, dok sam gledala televiziju, čula sam da na severu Italije, u Bolzanu, ima posla za sve. Novinari koji su intervjuisali meštane, a svoju reportažu, zaključili su rečima:
   "Svi koji hoće da rade, u Bolzanu, mogu odmah dobiti posao!"
   Poskočila sam oduševljena:
   "To je šansa za nas! To je spas! Treba tamo da odemo! Imaćemo priliku da zaradimo novac i skinemo tu prokletu hipoteku sa kuće! Oslobodićemo se ovog straha i pritiska!"
   Mislila sam da prvo ode Žarko, jer u Ostiji nije imao stalan posao, a kad se on snađe, da dođem i ja. Međutim, on nije razmišljao tako. Nije mu padalo na pamet da se pokrene i da se bar malo potrudi.
   "Ne, bolje je da ideš ti! Ti ćeš se lakše snaći" – bio je njegov odgovor.
   Time je za njega, svaka rasprava na tu temu bila završena. Nužnost da svojoj deci sačuvam kuću i želja za boljim životom, naterale su me da sve više razmišljam o odlasku na taj put. U međuvremenu sam iz dana u dan sve više prezirala Žarka.
   "Idi ti, ženo, ti ćeš se bolje snaći! I nađi i meni posao. Žene se uvek bolje snalaze od muškaraca" – neprekidno je ponavljao.

Gadile su mi se njegove reči. Glava me je bolela od misli koje su me proganjale: *Koji pravi muškarac može tako nešto da kaže svojoj ženi? Valjda je Bog stvorio muškarca da bude stub svoje kuće, da brine o ženi i o svojoj porodici... Čovek sa kojim godinama delim svoj život, nije ni za šta! Zašto ga uopšte imam? Sa njim mi je isto, kao i bez njega. Dakle, ići ću ja! Moram! U takvoj smo situaciji da ne mogu da biram. Nema izgleda da će se nešto, samo od sebe, promeniti nabolje. Novca imamo za sledeću kiriju i - to je to. Čime ćemo plaćati dalje? Hoćemo li ostati na ulici?*

Morala sam preuzeti svu odgovornost na sebe... Žarka sam prezirala sve više ... Život sa njim mi je postao nepodnošljiv. Nikada nismo bili pravi bračni par, par koji se voli, razume, slaže i živi harmoničnim životom, ali nekada smo se barem podnosili i bar donekle poštovali. Međutim, sad je i to nestalo... Ostala je samo obostrana netrpeljivost...

Tešila sam sebe da će moj odlazak imati bar jednu dobru stranu. Makar neko vreme ću biti bez njega, da mi se duša odmori, da ga ne gledam svakodnevno i da ne glumim da je sve u redu, kad već odavno, među nama ništa nije bilo u redu.

Tako sam definitivno rešila da krenem u Bolzano, u potragu za poslom. Franko, otac moje Beti, odvraćao me je od odlaska tamo. Govorio mi je da su tamošnji ljudi hladni, bezosećajni i da se tamo, sigurno neću usrećiti. Ubeđivao me je da je bolje da ostanem tu, gde sam sada.

Ja nisam imala nikakav osećaj, a nisam imala ni priliku da biram. Morala sam barem da pokušam da iskoristim mogućnost koja mi se pruža. I tako, počele su moje pripreme za odlazak na drugi kraj velike Italije. Odlazak sa juga, na sever. Ponovni odlazak u novu neizvesnost.

Spakovala sam u svoj stari, izanđali kofer - sve što sam imala. Celi moj život stao je u taj jadni kofer. U njemu je bilo sve moje "bogatstvo". Molila sam Boga da kofer izdrži i da se ne raspadne do tog Bolzana, za koji do tad u životu nisam čula, a u koji sam se uputila.

Okrenula sam se još jednom, da pogledam stan u kome sam poslednjih godinu dana živela. Znala sam da se u njega nikada više neću vratiti. I, uhvatila me je neka neobjašnjiva tuga. Živela sam kao nomad... Selila sam se iz jednog grada u drugi. Nisam mogla ni da pretpostavim šta me još u životu čeka. Pitala sam se, obuzeta svojim očajem - *Koji će biti moj sledeći korak? Kakav je to život?*

U jedanaest sati noću, sela sam u voz sa još nekoliko putnika. Iz straha od neizvesnosti, nisam mogla ni oka sklopiti. Bila sam opsednuta time - gde ja to idem, šta me tamo čeka? Hoću li uspeti na nađem posao?

Novca sam imala samo za dve noći u hotelu. Nije ga bilo za kartu kojom bih se vratila nazad. To je značilo samo jedno. Morala sam naći bilo kakav posao! Molila sam Boga da tako i bude... Znala sam da sam krenula na put bez povratka...

U pet ujutro, posmatrala sam kako poljane i gradovi pored kojih smo prolazili, proleću ispred mojih očiju. U jednom trenutku sam nakratko primetila njihovu lepotu, ali i postala svesna da sam na lepotu postala neosetljiva, da je skoro više ni ne vidim. Bila sam preokupirana drugim stvarima... *Kuda me vodi ovaj život? Gde ću stići i da li ću se snaći?*

U sedam ujutro, stigla sam u Bolzano. Našla sam se na svom odredištu i na svom novom početku. Prvo što sam ugledala kako sam zakoračila iz voza, bile su planine. Činile su mi se beskrajno visoke, gole i kamenite. Nadvijale su se preteće nad grad, zaklanjajući nebo. Imala sam osećaj da će se svakog trena obrušiti i smrskati i grad i ljude, koji su bili opkoljeni i zarobljeni njihovim snažnim zagrljajem.

Mislila sam da će me jednim stiskom udaviti. Nisam mogla da dišem. Nisam smela ni da ih gledam.

Jedva sam izašla iz voza, umorna od nespavanja i tegljenja teškog kofera. Vukla sam ga dok je zapinjao i poskakivao po peronu, poslednjim atomima snage, sve dok mu točkići nisu otpali. Na kraju sam stala pored jedne kante za đubre, i otvorila ga. Morala sam ga rasteretiti. Pola stvari sam izvadila i pobacala. Bio je pretežak i nisam mogla više da ga nosim u ruci.

A onda, sela sam na jednu klupu i počela da plačem. Plakala sam i plakala, sve dok nisam isplakala svu bol koja me je gušila. Ljudi su prolazili pored mene i u čudu me zagledali. Niko nije ni pokušao da me pita zašto plačem. A meni je bilo teško, preteško...

Osećaj samoće, tuge, jada i straha me je proždirao. Bila sam sama u nepoznatom gradu, u tuđoj zemlji, bez novca i bez posla. Taj osećaj se ne da opisati. Samo onaj, ko je tako nešto lično doživeo, može to razumeti.

Želela sam da zatvorim oči i umrem. Pitala sam se šta će mi uopšte takav život. A onda sam se setila da nisam sama. Da imam decu, za koju moram biti jaka, zbog kojih moram uspeti. *Moram uspeti i uspeću!* – govorila sam sebi. Vukla sam svoj poluprazan kofer kroz ulice po gradu u potrazi za što jeftinijim hotelom. Kada sam ga našla, ostavila sam stvari i onako umorna, krenula u potragu za poslom.

Niko me nije hteo. Bilo je još rano za sezonske poslove. Sezona je počinjala tek kroz mesec dana. Pitala sam se - *a šta da radim za to vreme? Gde ću i šta ću? Novca imam samo za još jedan dan. A onda...*

Otišla sam do recepcije. Tamo, za pultom sam zatekla jednog starijeg, dobrodušnog čoveka, kom sam kroz suze sve ispričala... Čak i to da nemam više novca ni za povratak i da moram naći posao po svaku cenu. Posavetovao me je da kupim novine "Dolomiten" i da u njima pretražim oglase. Tako sam i uradila.

Jedini posao koji sam pronašla bio je u Meranu. Pitala sam se gde je, dođavola, sad taj Merano?! Bio je to jedan od najsevernojih gradova u Italiji, u oblasti visokih Alpa. Pripadao je pokrajini Trentino u Južnom Tirolu. Tada nisam ništa znala o tom gradu. Ni to da kroz njega gornjim delom toka protiče reka Adiđe, čak ni to da je u njemu umro i sahranjen princ Petar Petrović, sin crnogorskog kralja, Nikole Petrovića.

Za mene je u tom trenutku to bio samo tuđi, nepoznat grad, u kom mi je još jednom, po ko zna koji put – bilo sve nepoznato. Nekako sam pronašla hotel, koji je preko oglasa u "Dolomitenu" tražio radnicu. Našla sam se ispred vlasnice, koja je bila otelotvorenje veštice iz bajke o Ivici i Marici.

Imala je tanke usne, kukast nos i čudno izvijenim obrvama merkala me je kao da sam došla sa druge planete. Htela je da me odbije, pod izgovorom da je još rano, da sezona nije počela i da još uvek nema potrebe za prijemom radnika, jer za njih još nema posla...

Zagledala me je pomno, a onda mi je rekla da mogu da ostanem, jedino ako hoću svakog četvrtka da čistim stan njenoga sina. Naravno, pristala sam. Bila sam nošena jedino svojim zavetom da ću raditi ama baš sve! Nije mi bilo važno ni gde, ni šta... Bilo mi je važno jedino to da mogu da radim i da bar nešto zaradim. Druga solucija nije postojala...

Moja šupa kod kuće u Srbiji, bila je luksuzna vila u poređenju sa sobicom koju sam dobila na korišćenje. Bila je to prostorijica tri sa tri metra. Kada sam htela da otvorim mali prozorčić i provetrim sobu, morala sam da ga skinem sa šarki koje su ga držale i spustim na pod. Zato mi se dešavalo da kada iznenada dune vetar, sve u sobi poleti.

Krevet je bio star i raskliman, sa daskama koje su u određenom razmaku držale jedan stari madrac. Bile su prilično kratko odsečene i jedva dodirivale ram kreveta, pa sam, ako malo žustrije ili grublje sednem na njega, obavezno

propadala na pod. Ta moja sobica i taj smeštaj, delovali su ponižavajuće... Pitala sam se, kako tako bogati ljudi, mogu sebi da dozvole da svojim radnicima pruže tako bedan smeštaj. I inače, moj položaj i kao radnika, kod te žene u hotelu je bio ispod svakog ljudskog dostojanstva. Radila sam, kako naš narod kaže "od jutra do sutra" sve i svašta, ili kako bi rekli Italijani "tuto fare".
– Bila sam "momak za sve".
Nameštala sam i čistila sobe, prala i peglala veš, delila doručak, ručak i večeru, vukla na ulicu tešku kantu za đubre... Uveče sam legala umorna kao mrtvac i svakoga dana sam bila sve mršavija. Posle četiri meseca rada u tom hotelu sam oslabila deset kilograma.

Sve češće sam osećala glavobolju, grčeve u mišićima, posebno u nogama. Zbog vrtoglavice i nesvestice koja me je sve više mučila, pala sam na stepeništu i završila u bolnici sa dijagnozom "teška dehidriracija". Pretpostavljalo se da je uzrok bio preforsiranost teškim radom, nedovoljan unos tečnosti, ishrana siromašna elektrolitima i natrijumom, kao i preterano znojenje.

Sve to je bilo tačno. Gazdarica, kao prava veštica, brojala mi je svaki zalogaj koji pojedem, čak ni vode nisam smela da pijem koliko mi je bilo potrebno, jer je govorila da sam kao sunđer koji upija vodu i da sam joj samo na šteti, jer popijem više vode nego što za nju zaradim.

Četvrtkom sam išla kod njenog sina. Bio je to jedan polu-retardirani kreten, koji je bio oženjen Kineskinjom. U svom životu nisam videla prljavije ljude od njih. U njihovom toaletu, čak i po pločicama je uvek bilo fekalija, koje sam svaki put morala brisati. Njihova devojčica je volela da ih prstićima razmazuje po zidu, a njenoj mami i njenom tati, to nije smetalo. Čekali su mene, da ja to očistim.

Sve sam trpela i ćutala, samo da bih napokon počela da zarađujem i da već jednom počnem da vraćam kredit. Bila sam presrećna kada sam dobila svoju prvu platu. Mojoj sreći, nije bilo kraja! Poslala sam deci dovoljno novca da mogu lagodno da prežive naredni mesec, a nešto novca sam uspela i da ostavim na stranu.

Odmah sam otišla u banku "Sparkasse" i direktoru ispričala istinu o svojim problemima. Rekla sam mu da će mi kuća biti oduzeta i prodata ako dugovanja ne vratim na vreme. Gledao me je sažaljivo i odobrio mi kredit bez žiranata! To nije bilo uobičajeno. Ni sada, a ni tada, ako nisi imao stalan posao, bio ti je potreban žirant, a on je meni omogućio kredit bez tog uslova.

Naravno, taj kredit sam, vremenom, malo po malo, kako je i bilo dogovoreno, otplatila. Nikada nisam zaboravila zahvalnost koju sam tada osetila prema tom čoveku i prema toj banci. Zbog toga je ta banka i dan-danas moja banka. I danas, sve poslove obavljam isključivo preko nje. Za mene će to zauvek biti najbolja banka na svetu!

U međuvremenu sam i na poslu počela bolje da se snalazim. Dosta sam naučila, bolje sam se organizovala, a gosti su me voleli i redovno mi ostavljali bakšiš. Našla sam posao i za Žarka, kod jednog molera na građevini. Poslala sam mu novac za put, našla mu i sobu sa kupatilom i platila kiriju mesec dana unapred, jer nije mogao stanovati sa mnom u mojoj maloj i bednoj sobici, u hotelu moje gazdarice.

Došao je i odmah počeo da radi. Svakoga dana je prolazio pored hotela u kome sam radila i stanovala, ali nikada nije došao da me poseti. To mi je smetalo. Ne zbog toga što mi je bila potrebna njegova pažnja, već zato što mi nije bilo jasno šta uopšte nas dvoje još tražimo zajedno, kad jedno drugo čak ni u nekom čisto ljudskom odnosu ne interesujemo.

Razdvojenost od njega mi je dala dovoljno vremena da razmislim o nama dvoma. Donekle mi je bilo žao što nismo našli zajedničku sreću, što nismo našli način da se zbližimo i živimo zajedno, onako kako je trebalo. Iako nismo živeli kao

pravi bračni par, vezivala su nas zajednička deca i godine koje smo zajedno proveli. Ponadala sam se da sad, kad smo ovde, u zemlji u kojoj nam jednoga dana može biti i dobro, zajedno možemo uspeti da nešto zaradimo i živimo lepo. Naravno, trebalo je vremena za to. Nadala sam se da ćemo jednog dana uspeti da u Italiju dovedemo i decu...
 Uprkos svemu, dozvolila sam sebi da tako razmišljam. Zaboravila sam na sva ona obećanja koja sam sebi dala. Opet sam se ponadala da i dalje vredi pokušavati živeti sa njim. Ali, on mi je jasno stavljao do znanja da ne razmišlja tako. Njega tako nešto nije interesovalo.
 Radio je fasadu na jednoj kući, u blizini hotela u kom sam ja radila. Svakog utorka sam bila slobodna i čekala sam ga ispred zgrade da se vidimo i bar malo vremena provedemo zajedno, kad završi s poslom. Uvek je dolazio noseći u rukama prepune kese hrane, a ja sam mu pomagala da ih odnese do njegovog stana. Meni nikada ništa nije ni ponudio, a kamoli kupio. Čak ni bombonu. Nikada, nikada – baš ništa. Bio je i ostao egoista i sebičnjak. Jedino mu je bilo važno da on, za sebe ima.
 U njegovoj sobi, nalazio se veliki francuski krevet. Kada bih ušla zajedno sa njim u njegovu sobu, plašio se i da pogleda u njega. Odmah bi me poslao da izađem na terasu, popili bismo na brzinu kafu koju bi on skuvao i skoro trkom smo izlazili napolje. Verovatno se plašio da ne zatražim od njega da vodimo ljubav...
 Moram biti iskrena i priznati, da je bilo trenutaka kada sam se ponadala da će mu tako nešto pasti na um i da će se to i desiti. Ali, nikada nije bilo ništa od toga. Bile su to samo moje puste želje. Bila sam još uvek mlada i moje telo je još uvek lako moglo da plane poneto uzavrelim osećanjima u vatri strasti. Ali, šta mi je to vredelo...
 Gajila sam potajnu nadu da će, on makar ovde, u Italiji, prokušati da oživi ono, što je sasvim zamrlo između nas.

Deset dugih godina je bilo prošlo od kako smo poslednji put vodili ljubav. Što je puno - puno je! Ali, on to, očigledno, nije želeo.

Gledao je u mene kao da sam mu drug, a ne žena. Išli smo da se prošetamo, držala sam ga ispod ruke i ljudima sa strane smo izgledali kao najnormalniji, srećan par. Da su samo znali... Ubijalo me je to osećanje laži i praznine. Pitala sam se dokle treba da lažem i sebe i sve druge.

Prolazili su meseci. U meni je sve više rasla želja za ljubavlju i nežnošću... Merano je predivan grad, u kom raste želja za ljubavlju, za životom.

To je grad sa prelepim kućama, terasama prepunim cveća, palmama i bregovima pokrivenim snegom... Poznat po svojim vinogradima i vinima, voćnjacima i jabukama. Po predivnim lučnim šetalištima uz reku, starom kamenom mostu, gradskim vratima... Raj na zemlji!

U hotelu sam svakodnevno gledala goste i mlade i stare, koji se vole, paze jedno na drugo i zavidela sam im... Imali su u životu ono, za čim sam ja oduvek čeznula. A ja sam bila sama, kao vuk, samotnjak. Bila sam i bez čoveka koji me voli i bez moje dece... Deca su mi najviše nedostajala...

Od silne brige i čežnje za njima, mislila sam da ću skrenuti sa uma. *Možda - razmišljala sam - ako budem pronašla stan u kome bismo svi zajedno mogli živeti, možda će sve biti drugačije. Možda bismo se tada i moj muž i ja ponovo zbližili, možda bismo mogli biti porodica...*

Svakodnevno sam pregledala novine sa oglasima u nadi da ću pronaći odgovarajući stan i tamo se useliti najpre sa Žarkom, a potom sam želela da dovedemo i decu...

Na kraju sam i pronašla jedan dvosoban stan i ubrzo smo Žarko i ja bili u njemu. Pokupovali smo sve što je bilo potrebno i opremili ga, tako da je to bilo sasvim prijatno mesto za stanovanje. Napokon sam imala svoj kutak, za razliku od one moje bedne sobice u hotelu.

Dolaskom u zajednički stan, ništa se nije promenilo između Žarka i mene. I dalje je vladala ona ista ravnodušnost i nezainteresovanost. Doduše, ja sam se bar trudila da donekle ublažim tu neprijatnu situaciju. Pokušavala sam da izgladim odnose, da dam malo topline našem propalom braku, ali mi nije polazilo za rukom. Jednostavno sva moja nastojanja su nailazila na neprobojan zid.

Sve to, koštalo me je mnogo. Moj unutrašnji mir i ravnoteža su bili potpuno uništeni. Nisam se više snalazila sa svojim uzburkanim osećanjima. Podsećala sam sebe na krpenu lutku napunjenu kuglicama stiropora. Spolja lepu, sa nacrtanim veselim krupnim očima i osmehom, ukrašenu čipkicama, kojoj bi se, ako bi je neko rašio, kuglice stiropora raspršile na sve strane i od nje bi ostala samo obična, bezvredna krpa.

Žarko se samo pred drugim ljudima trudio da izgleda da se lepo slažemo i da je sve između nas u najboljem redu. Kad bi me zagrlio u prisustvu naših poznanika, trebalo mi je mnogo snage da mu ne odgurnem ruku. U tim trenucima mi se najviše gadio. Pred drugima me je grlio, a kod kuće, za njega nisam postojala.

Kad god bih pokušala da započnem razgovor o našem rogobatnom odnosu, dobijala sam uvek isti odgovor:

"Ako ti se ovako ne sviđa, ti traži drugog. Niko ti ne brani! Ja nemam volje. Idi, kurvaj se, samo posle dođi kući."

Nisam mogla da verujem... Bilo mu je potpuno svejedno. Osećala sam se tako jadno, jeftino i poniženo... Uvek je u meni izazivao osećaj da manje vredim, da sam niko i ništa. Kao da sam najgora i najružnija od svih žena! Proganjalo me je to saznanje da stvarno, kao žena, nisam mogla ni malo da ga zainteresujem. Pitala sam se sa kim sam to provela tolike godine!

A onda sam jednog dana stala ispred ogledala i pogledala sebe. Dugo sam posmatrala lik žene koja je stajala u

ogledalu ispred mene. Što sam je duže gledala, bila sam sve zadovoljnija onim što vidim. Nasmešila sam se i rekla joj: "Pa dobro curo, šta tebi fali? Jel imaš obe ruke, obe noge, oči... Zgodna si, još uvek relativno mlada, lepa, vitka... za svoje godine, odlično se držiš... Invalid si jedino u mozak, jer dozvoljavaš da te onaj idiot toliko dugo zevzeči!"
Toga dana, samoj sebi sam obećala da ću hitno potražiti drugoga i da ću ga sigurno i naći. Počela sam o tome da razmišljam danonoćno. Neprekidno sam sebi ponavljala: "Hoću čoveka za celi život, a ne samo za jednu noć. Taj čovek mora biti Nemac! Srbina ne želim, nikada više! Žarko mi ih je zauvek ogadio..."
Nadala sam se da će doći dan, kada ću pronaći muškarca kakvog želim.
Počela sam da radim u restoranu, pa sam imala kontakte sa mnogim ljudima. Tako sam se uverila u nešto što sam i pre znala – da su Nemci divni ljudi. Služila sam ručak i svakodnevno se sretala sa mnogobrojnim parovima. Lepota je bilo gledati kakvi su muževi Nemci i koliko su pažljivi prema svojim ženama. Želela sam da i ja imam takvog muža! Bila sam rešena - ako se ikad ponovo udam, moj muž mora biti Nemac i niko drugi!
Samo, problem je bio kako naći takvog partnera? Radila sam po celi dan i noć i nisam imala baš nikakvu priliku za to. Restoran u kom sam radila, svakako nije bio mesto za takav izbor. Trebalo je otići u diskoteku, ili na neko drugo slično mesto, a ja za tako nešto, nisam imala ni volje ni vremena. Uveče, kada bih došla sa posla, mrtva umorna bih se strovalila u krevet i takve stvari mi nisu ni padale na pamet.

* * * * *

Premor od napornog rada i neka ravnodušnost koja se u meni javila jer sam već bila "oguglala" na probleme koji su me godinama mučili, doveli su do toga da sam napokon počela da spavam. Ipak, te noći, ni sama ne znam zašto, jako nemirno sam spavala. Ustala sam sva slomljena i bezvoljna, sa nekim čudnim osećanjem u duši - da će mi se nešto novo desiti.

Bila sam smešna sama sebi, jer mi nije bilo jasno šta bi to u mom životu, u kom je svaki dan ličio na prethodni, moglo da se desi. Služila sam goste, nosila teške tanjire i svakoga dana su mi bili teži nego prethodnog. Ruke su mi "otpadale" od njihove težine. Šefica je gledala kako jurcam od jednog stola do drugog, ali nikada nije bila u potpunosti zadovoljna. Činilo mi se da bi možda jedino bila zadovoljna, kada bi mi porasla krila, pa da mogu da letim... Jedino tako bih bila dovoljno brza i dovoljno vredna i rentabilna za nju.

Obaveza mi je bila da se svakom gostu, dok ga služim, ljubazno osmehnem, ali toga dana mi je osmeh bio nekako kiseo, veštački. Nikada se nisam udubljivala u fizionomije koje su sedele za stolovima. Obično bih pred njih spustila "porudžbinu", nasmešila se, rekla – izvolite i nastavljala dalje sa poslom, zaboravljajući njihove likove.

I toga dana sam po ustaljenom automatizmu kružila oko stolova i radila svoj posao.

"Prijatno" – rekla sam i nasmešila se gostu, koji je sedeo sam za stolom, dok sam pred njega spuštala veliku šolju kafe i tanjir sa dva ogromna sendviča.

A onda sam, kao da je to bilo jače od moje navike, bolje pogledala u čoveka koji je sedeo ispred mene. Ugledala sam dva prodorna oka, ispod gustih kosmatih obrva, čiji me je pogled čini mi se, probo do kostiju. *Majko moja! Koliki čovek! Kako ima velike i jake ruke!* – pomislila sam i sva pretrnula.

Veliki čovek sa velikim jakim rukama, u radnom kombinezonu... – odmah mi je palo na pamet. *Baš onako kako mi je komšinica, gledajući u karte, davno uz kafu, prorekla...*
Nisam bila sklona da previše verujem u takve stvari. Ali, prorekla mi je i neke stvari koje su se već ostvarile. Ipak, čovek koji želi nešto što mu se ne ostvaruje, želi da veruje u svaki nagoveštaj koji mu daje nadu.
"Srešćeš velikog čoveka, u radnom odelu, i on će biti tvoja velika ljubav!" – kao munja su mi kroz glavu prolazile njene reči. - *Nemoguće da je to - to!* – uplašila sam se.
Naglo sam se okrenula želeći da što pre pobegnem.
"Čekaj, molim te! Pa ja ne ujedam!" – progovorio je svojim krupnim, muževnim glasom.
Stala sam kao prikovana za pod. Ćutala sam i zurila u njega kao hipnotisana.
"Želim da se negde nađem sa tobom. Voleo bih da popričamo. Čekam te sutra u četiri, kada završiš sa poslom..." – spustio je na sto novčanicu koja je podrazumevala i "debeo" bakšiš.
Nasmešio mi se, okrenuo i krupnim koracima krenuo prema izlazu iz restorana. Gledala sam za njim dok je koračao. Seo je u svoj ogromni "furgon" i otišao.
Zbunjeno sam gledala u netaknutu hranu i kafu koja se još pušila na njegovom stolu. Osećanja su mi se uzburkala. Uplašila sam se svega ovoga. A onda me je počelo proganjati - *Hoće li sutra, stvarno doći?*
Negde u dubini duše, osećala sam da će on biti "taj moj čovek"! Istovremeno, uplašila sam se svega nepoznatog što bi moglo da me čeka, ako se upustim u sve to. Na jednoj strani je bio Žarko. Iako više ništa zajedničko, osim dece, nismo imali, za sve, pa i za mene, on je još uvek bio moj muž. Na drugoj strani je bio on, meni sasvim nepoznat čovek, o kom baš ništa nisam znala. Plašila sam se kako sve ovo u čemu sam se našla, može da ispadne.

Brinulo me je, ali na neki čudan način i radovalo što je od straha, ipak bilo jače osećanje sreće, jer sam nekako instinktivno osećala da mi sreća najzad dolazi. Dolazi da prigrli i mene! Imala sam osećaj da ću poleteti, sve mi je odjednom bilo lakše, lepše, sunce je sjajnije sijalo a i nebo je bilo vedrije. Moja duša je bila ispunjena i zadovoljna.

Osećala sam da za mene dolaze sretniji i bolji dani. Da je ovaj čovek bio namenjen meni. Samo meni! Nisam znala ni ko je ni šta je. Znala sam samo da ima divne oči, iako me je oštro njima pogledao. A bio je i Nemac. A ja sam baš htela Nemca.

Ostatak dana mi je bio najduži u životu. Osećala sam uzbuđenje, kao šiparica koja se sprema da izađe na svoj prvi ljubavni sastanak. A bila sam istovremeno i udata, ali i razvedena žena. Bila sam i majka dva odrasla sina.

Odjednom me je obuzelo teško osećanje. Bilo me je sramota same sebe. Počela sam da prekorevam sebe - *da li sam ja uopšte normalna, o čemu ja to razmišljam? Šta ja to planiram da uradim? Kako uopšte mogu sebi da dozvolim takva osećanja? Treba da se stidim!*

A onda opet, s druge strane - *zašto da ne? Valjda i ja imam pravo na ljubav kao i svi drugi ljudi!*

Oka nisam sklopila cele noći od silnog uzbuđenja i straha. Plašila sam se da mi se nije sve samo učinilo, da me je možda slagao, da se neće pojaviti, da ga nikad više neću videti.

Ipak, sutradan, u dogovoreno vreme, čekao me je ispred restorana. Prišla sam mu ćutke, a on me je pozvao da prošetamo i da posle negde sednemo, da popijemo kafu. Dok smo šetali, on je pričao, a ja sam samo klimala glavom kao neka drvena lutka, sa naslikanim ustima. Jezik mi se zavezao. Nisam znala šta uopšte da kažem...

Dok me je gledao, imala sam osećaj, kao da sam na rendgenu. Pogledom me je skenirao, analizirao i čini mi se

dopirao toliko duboko, do duše! Uplašila sam se - *Bože, šta li će ovaj čovek pomisliti o meni kad mu ispričam moju "divnu" prošlost? Verovatno će se samo okrenuti i otići...*
Pitala sam se - šta može pomisliti kada mu ispričam da sam razvedena – a ustvari živim sa mužem, da imam dva sina koje volim više nego sebe, ali i hipoteku na kuću koja se "vodi" na mog bivšeg muža, koju moram da otplatim, inače će moji sinovi ostati na ulici. Da li treba da mu sve to kažem, ili ne?
Dok sam razmišljala o tome, prečula sam njegovu želju - da mu nešto ispričam o sebi. Kao da je upravo pročitao moje misli. Želeo je da mi olakša:
"Ja sam, inače, razveden. Imam petoro odrasle dece. Svi su punoletni, žive svoje živote i prilično sam usamljen. Čekao sam da sretnem takvu ženu, kao što si ti... Čekao sam te da mi dođeš... Želim pored sebe nekoga, ko će da me voli i koga ja mogu voleti. Hajde, sad ti meni, pričaj o sebi!"
Uzeo je moje ledene prste i poklopio ih svojim velikim toplim šakama. Toplina njegovih šaka lagano se širila kroz njih, puneći čitavo moje telo nekakvom novom životnom snagom! Takav osećaj, nikada do tada, nisam osetila! Osećala sam ne samo toplinu, nego i prisnost, zaštitu i spokoj...
Učinilo mi se istoga trena, da ga poznajem čitavog života. On je mene čekao da mu dođem, a ja sam njega tražila i našla! Mog Josefa! Sve kočnice koje su me pritiskale, odjednom su se odblokirale i ja sam počela konačno da pričam svoju priču. U pola sata sam mu sve ispričala. Osetila sam ogromno olakšanje, a duboko u duši sam osećala da me neće odbaciti. Da će me razumeti i hteti.
Ćutke me je slušao, a kad sam završila svoju ispovest, samo me je zagrlio i rekao:
"Sad sam ja tu!"
To mi je značilo više od bilo koje ljubavne izjave i obećanja. Znala sam da ću ga voleti više od svega i da ću biti voljena i zaštićena. Znala sam da će samim tim, i moja deca

biti sigurna. Osećala sam da se svi možemo u potpunosti osloniti na njega. Na mog Josefa. Posle dva dana poznanstva smo završili u krevetu i nisam se pokajala. Doživela sam ono, što sam u svojim maštanjima uvek tražila i od rane mladosti u romanima čitala.

Na drugoj strani, osećala sam grižu savesti i strah od Žarka. Plašila sam se kako će odreagovati kada mu budem rekla da sam zaista našla i da volim drugog čoveka. Uvek mi je govorio da tražim drugoga, da imam pravo na to, ali bojala sam se. Nisam bila sigurna šta se u stvari zbiva u njegovoj glavi. Znala sam da i pored toga što je govorio, što nikada nismo bili "pravi muž i žena", misli da polaže pravo na mene, kao na nekakvu ličnu stvar, koja je njegova svojina. Iako smo bili čak i formalno razvedeni, nikad se nismo prostorno razdvojili. Živeli smo u istom stanu i imali zajedničku decu...

Nisam mu smela reći istinu. Rekla sam mu da idem za vikend kod nekog čoveka da čistim kuću, da imam puno posla i da ću tamo morati verovatno i da prespavam. Primio je tu vest sasvim mirno. Jedino je tražio da donesem novac od tog svog posla.

Nisam mogla da verujem svojim ušima! Jedino što je njemu bilo važno, to je da mu donesem novac i ništa drugo! Osećala sam se kao najobičnija prostitutka, koja je krenula na "šihtu", da zaradi novac za svoga muža makroa. A ja, glupa guska, imala sam još i sažaljenja prema njemu!

Ista situacija se ponavljala i nastavljala naredna dva meseca. Svakog vikenda sam bila sa mojim Josefom, proživljavala najlepše trenutke u svom životu i osećala se pored njega kao princeza. Svojoj deci sam odmah slala novac koje mi je on davao, a za Žarka sam redovno osatvljala novac "za tri sata mog rada", kako je on to voleo da kaže.

U međuvremenu, opasno se približavao i zadnji termin za isplatu hipoteke na kuću u Srbiji. Imali smo već priličnu sumu ušteđenog novca, ali nam je i dalje nedostajalo tri

hiljade maraka. Ja nikako nisam mogla zaraditi više, nego što sam zarađivala. Žarko, nije ni pokušavao. To ga nije ni interesovalo. Odgovor na sva moja pitanja, šta ćemo da radimo, je bio: "Traži od svog švalera! Ja više nemam! A, ako kuća ode, krivica će biti samo tvoja. Ja sa tim nemam nikakve veze ..."
Ponašao se potpuno idiotski! Mrzela sam ga i prezirala, istovremeno.

Morala sam da popričam o tome sa Josefom. Jedina nada koja mi je ostala, bio je on. Znala sam da ima novca, ali bilo me je stid da ga od njega zatražim. Na kraju, nisam imala drugog izbora. Uveče sam otišla kod njega i rekla mu istinu. Rekla sam mu da mi nedostaje još toliko novca da platim hipoteku, inače ću izgubiti kuću. Samo me je tužno gledao i ćutao...

Živi sram me je izjedao... Znali smo se tek oko dva meseca, a ja sam već tražila toliki novac od njega. U svojoj glavi sam već iskonstruisala čitavu priču: *Šta li će on posle ovoga da misli o meni? A šta drugo, osim da sam jedna od onih "auslenderki" koje bi učinile sve, samo da se dokopaju para?!*

Očima, u kojima su se već nakupile suze, gledala sam kako ustaje sa stolice i kreće prema vratima. Već sam videla kako ih otvara i čula kako govori: *"Žao mi je što sam se toliko prevario misleći da si ti žena za mene. Tebi je jedino bitno da od mene, izvučeš što više para. Molim te pokupi svoje stvari i idi zauvek iz moga života..."*

Umesto toga, on je izašao, otišao do druge prostorije i vratio se sa kovertom u ruci. Seo je pored mene, zagrlio me i tiho rekao:

"Evo ti... I molim te da prestaneš više da tugujеš. Skini već jednom i tu brigu sa vrata"...

Zagnjurila sam glavu u njegove grudi. Te večeri, isplakala sam sav jad, sav čemer i svu tugu koji su se čitav moj život skupljali, taložili i pritiskali mi dušu. Posle svih tih godina očaja, osetila sam olakšanje u njegovom naručju.

Napokon, bilo je to naručje "moga čoveka". Čoveka, koji brine o meni. Uživala sam u lepoti tog osećaja, o kom sam čitavog života maštala! Poželela sam u tom trenutku, da svaka žena oseti i ima tako nešto. Nije se tu radilo o novcu. On više nije ni bio bitan. Radilo se o osećaju sigurnosti, o osećaju zaštićenosti koji sam od njega dobila, a koji mi je celog života nedostajao. Znala sam tada, da se meni i mojoj deci sreća nasmešila. Da će od sada naša budućnmost, najzad biti osigurana. Moj Josef je sada bio tu... *Moj Josef...* - kako mi je to lepo zvučalo...

* * * * *

Odnela sam novac Žarku... Uzeo ga je kao da se to samo po sebi podrazumevalo. Kao da je bila najnormalnija stvar na svetu, da mu žena donese pare od švalera i otišao je kući, da skine hipoteku sa naše zajednički stečene imovine.

Do pre dve godine, imali smo hipotekarni dug na kuću, u visini od sto dvadeset hiljada maraka. Posle razgovora sa čovekom koji nam je novac pozajmio, skinut je na trideset hiljada. Bilo bi normalno da je moj muž, kao muškarac, kao glava kuće, kao zaštitnik svoje porodice, otišao kod Drage Ciganina da vidi kako će da smanji taj dug. Tim pre, što je zakon bio na našoj strani, jer takve zelenaške kamate, nikada nisu bile dozvoljene. Ali, kod Drage sam otišla ja...

Sela sam pred njega i najnormalnije, sasvim opušteno, jer druge solucije nisam imala, rekla:

"Čuj me... To što si ti nakarikao tolike hiljade maraka na one pare koje si nam pozajmio, na sudu ti neće proći, to znaš i sam. Isto tako znaš, da mi te pare nemamo šanse da ti damo. Kuću i da nam uzmeš, sve i da uspeš da prodaš, toliko nećeš dobiti. Znaš dobro i sam na kakvom si glasu i da sve to čime se baviš, koliko god bogatstvo da ti je donelo, počinje da ti škodi... Ja sam došla da se dogovorimo da tu cifru smanjiš na nešto iole prihvatljivo i da nam daš razuman rok. Za neko pristojno vreme, nešto ćemo možda uspeti da zaradimo. Ja ću ti potpisati tu cifru kao dug i potpisaću ti da je u slučaju da ga ne otplatimo do tog roka, kuća tvoja. Bolje ti je da dobiješ bar nešto..."

Drago me je sve vreme gledao, zagonetno se smeškao, a onda, na kraju pristao. Naravno, imao je još neke, dodatne uslove... Na kraju, potpisali smo ugovor u kom je stajalo da se obavezujem da mu u određenom roku ili isplatimo trideset hiljada maraka, ili će kuća biti njegova.

Moj, tada još uvek – zakoniti muž, nikada nije pitao na koji način sam uspela da smanjim onoliki dug na tu cifru. Važno mu je bilo jedino to da je suma pala. A ja sam se gadila... Gadila sam se i njega ali i same sebe...

Samo, sve to više nije bilo važno! Kuća je posle svega, bila spasena a moja deca će i dalje imati svoj dom. Neće biti izbačena na ulicu, a to je za mene bilo najvažnije.

Tog vikenda, kada je Žarko otišao za Srbiju, sam kao i prethodnih, bila kod Josefa. Žarko me je telefonom zvao na naš stan, iako je odlično znao gde sam. Naravno, nije me našao...

Sutradan, pošto se vratio, prvo što me je pitao, bilo je - gde sam bila, kao da nije znao. Bio je besan. Naravno, rekla sam mu istinu. Da sam bila kod Josefa. Raspalio mi je tako strašnu šamarčinu, prvi put u životu, da sam se našla na podu. Izgubila sam svest.

Ne znam koliko sam tako ležala, ali pamtim da su prvo što sam videla kad sam došla k sebi, bile njegove zakrvavljene oči. Stajale su tik uz moje, dok su njegove ruke stezale moj vrat.

"Ubiću te, majku li ti kurvinsku!" – urlao je, daveći me.

Mislila sam da ću umreti. Ne od stiska njegovih ruku, već od straha. Pitala sam se, da li mi je došao kraj... Kao kroz maglu, videla sam celi prizor i nekom nadljudskom snagom uspela sam ni sama ne znam kako, da se iskobeljam. Pobegla sam u sobu i zaključala se. Lupao je po vratima i pretio da će da ih razvali ako mu ne otvorim. Na kraju se smirio i čula sam kako je izašao iz stana. Polako, klecavim nogama i sa ogromnim strahom da možda ne stoji negde iza vrata, istrčala sam iz stana napolje. Bežala sam, a da nisam znala kuda. Josefa nisam mogla nazvati, jer me je bilo stid. Osim toga, bojala sam se i da će pozvati policiju. Bila sam sigurna da bi on to svakako uradio. Nisam mogla to sebi dozvoliti. Ako ni zbog čega drugog, onda zbog dece. Kakav god, Žarko je bio njihov otac.

Najgore od svega je bilo to, što sam u tim momentima tražila opravdanje za njega, a ne za sebe. Mislila sam - *možda je Žarko u pravu. Možda sam i zaslužila kaznu. Možda je i moja majka bila u pravu kada je govorila da treba da ostanem sa njim... Imamo decu i tolike godine zajedničkog života. Možda treba i dalje da živim, kao što sam do sada živela.* Onda bih na trenutak zastala i zapitala se – *dokle da živim bez ljubavi i sreće?*

Razum mi je govorio jedno, a srce drugo - *Neću i ne mogu! Imam i ja pravo na sreću! Sada, kada sam je najzad pronašla, neće mi je niko oteti! Makar i po cenu, da još sto puta dobijem batine!*

Stezala sam u rukama svoju praznu tašnu, kao da će mi ona dati neku snagu. Bilo me je sramota sebe, što sam dozvolila da dođem u tako ponižavajuću situaciju. Uvek mi je bilo žao žena koje trpe batine od muža... Sada sam i ja bila u toj istoj, ponižavajućoj situaciji i nema reči kojima se može opisati taj strašni osećaj.

Rešila sam da odem kod moje poznanice, Vere. Zaprepastila se kada me je videla onako raščupanu i izbezumljenu. Sklupčala sam se u njenoj fotelju i cvilela kao neko ranjeno kuče. Nisu me više bolele batine koje sam dobila. Bolelo me je što je do toga došlo, kao i osećaj da sam ja sama, kriva za to. Taj osećaj, koji su mi moji roditelji utuvili - da sam ja uvek kriva za sve - pratio me je i dalje i nije mi davao mira.

"Ti bre nisi normalna! Sada ću još i ja da te izmlatim!" – ljutila se Vera na mene - "Taj te je majmun tukao, a ti još kažeš da si ti kriva?! Prizovi se pameti! Ne postoji osoba na svetu sa kojom se konflikti smeju razrešavati batinama! A najmanje si ti osoba na koju je taj tvoj kreten smeo dići ruku!"

Tešila me je i donekle je uspela da me smiri. Kod nje sam ostala mesec dana. Naravno, stanarinu joj je platio Josef, jer sam iz svog stana pobegla bez ijedne jedine marke. Bežala sam samo da spasem živu glavu. Nisam imala vremena da razmišljam o novcu ili stvarima. Želela sam samo da pobegnem i da se spasem od batina.

Žarko je dolazio svakoga dana i plakao pred vratima, jer ga nismo puštale da uđe u stan. Molio me je da se vratim, obećavao brda i doline... Znala sam da mu je žao, jer, na neki svoj čudan način on me jeste voleo... Nije mogao da se pomiri sa tim da me je ovoga puta konačno i zauvek izgubio.

Bilo mi ga je čak i žao kao čoveka, sa kojim sam provela tolike godine. Nije on bio kriv što je bio takav, što nije znao da voli onako, kako muškarac treba da voli ženu.

Sve što me je mučilo, zaboravljala sam u Josefovom zagrljaju. Dok me je on čvrsto držao u svom naručju i govorio da će sve biti dobro, znala sam da će zaista tako i biti. Bila sam zahvalna Bogu što ga imam. Pitala sam se kakav bi bio moj život bez njega... A, znala sam već odgovor. Verovatno do smrti, isti onakav jadan, bedan i nikakav, kakav je bio sve dok njega nisam srela.

Josef

Posle tih mesec dana, koje sam provela kod Vere, prešla sam da živim kod Josefa. Nije želeo da više budemo razdvojeni. Tako je počeo naš zajednički život. Lep, ali, pun prilagođavanja, kompromisa sa obe strane, ali i razumevanja i pre svega ljubavi.

Naša ljubavna priča ujedinila je, a samim tim i dovela do neminovnog sudara dva različita mentaliteta – germanskog i slovenskog... Dva različita dela Evrope – onog koji je za nas bio "Zapad" i onog koji je za njih bio "Balkan". I na kraju, dva jaka karaktera, dve različite odrasle osobe, pri čemu je svaka na svojim plećima nosila breme sopstvene teške prošlosti, od kojih je svaka bila ranjiva na svoj način...

U početku mi je jako godilo i imponovalo da budem samo "žena". Da budem zaštićena, nežna, pažena, mažena... Sa mojim bivšim mužem, bila sam sve, samo ne žena... Morala sam o svemu sama da brinem i borim se za sve.

Odjednom sam se našla u vezi, u kojoj je Josef odlučivao o svemu. Pitao me je za mišljenje, ali bi na kraju uvek bilo onako, kako je on hteo. Vrlo brzo mi je to počelo smetati. On nije popuštao, jer je naučio da uvek bude onako, kako on kaže, a ja, ja sam opet navikla da bude onako, kako ja hoću... Dolazilo je do svađa, ali su se one razrešavale u krevetu i opet bi posle toga, među nama, bilo sve u redu.

Kasnije se pojavio još jedan veliki problem – moja ljubomora. Nikada ranije na tako nešto nisam ni pomislila, a kamoli tako nešto osetila. A onda, kada je bilo smešno i pomisliti da će žena sa svojih četrdeset i nešto godina patiti

od tako nečeg, u meni se javila ljubomora... I to - bolesna ljubomora!
To je polako počelo da stvara probleme u Josefovom i mom odnosu. Zdrav razum mi je govorio da ću uništiti sve što je lepo među nama, ako tako nastavim, ali moje srce je reagovalo drugačije. Nijedna žena nije smela ni da ga pogleda! Odmah bih u tome videla potencijalnu opasnost. Plašila sam se da će mi ga neka od njih uzeti.
Na kraju mi je Josef rekao, da ne želi i da nije u stanju da leči moje komplekse niže vrednosti, koje sam u našu vezu donela iz prvog braka... To me je donekle otreznilo. Znala sam da je bio u pravu! Iz dana u dan sam govorila sebi - *Ako nije uspelo prvi put, ne znači da ovog puta neće biti dobro!*
Na svu sreću, Josef je bio strpljiv sa mnom. Pružao mi je stotinu dokaza da me voli, a ja to nisam videla. U glavi mi je bila jedino slika njega, sa drugim ženama i strah da mi ga ne otmu. Polako sam naučila da treba da mu verujem. Da voli samo mene i nikoga više. Ali, nije bilo lako. Danas se slatko smejemo, kada o tome pričamo.

*****

Za sve ovo vreme, dok sam se ja borila sa svim silnim problemima koje mi je život nametnuo, moja porodica iz koje sam otišla još kao dvadesetogodišnja devojka, sa željom da sebi obezbedim život o kakvom sam maštala, borila se sa sopstvenim životima, željama, postupcima, savestima...
Iako sam davno otišla iz porodične kuće, moji roditelji i moja braća nikada nisu prestali da budu sastavni deo moga života. Mnogo puta se dešavalo da sam bila besna na njih, da sam se osetila zloupotrebljeno i iskorišćeno, ali bili su moji i ja bolje nisam imala. Zato su se na sve moje, lepili i nadovezivali i njihovi problemi...

Moj brat Mihailo, oženio se mlad i dobio dve kćeri - Veru i Milu. Otac mu je poklonio deo placa, na kom je sazidao kuću. Delio je sa roditeljima zajedničko dvorište. Nikada nisu bili u dobrim odnosima. Stalno su se svađali oko svega i svačega... Majka i otac su naravno po navici, morali uvek da imaju glavnu reč, pa je Mihailo uvek bio pod njihovim nadzorom. To je neprekidno dovodilo do svađa između njega i njegove supruge. A onda, jednoga dana, njegova supruga Slobodanka je izgubila život u saobraćajnoj nesreći i ostavila za sobom muža i svoje dve male kćerkice.

Svi su se složili da tu strašnu vest njihovim kćerkicama treba ja da saopštim... Nikada neću zaboraviti taj trenutak, kad sam im morala reći da im je majka poginula... Skupile su se oko mojih nogu i cvilele kao ranjeni kučići... Dok su mi suze lile niz lice, pitala sam se zašto se nešto, tako strašno događa... zašto je to moralo baš njima da se dogodi?

Imala sam osećaj da će mi srce prepući. Nisam znala kako da objasnim toj nesrećnoj deci da više nemaju majku, da se ona nikada više neće vratiti, da je nikada više neće videti...

Moja majka je preuzela brigu oko devojčica. Kuvala im je i prala, samo im nije mogla pružiti ljubav koja im je bila potrebna. Nije mogla, ili nije umela... Baka je, ipak, samo baka... a deci je potrebna majka. Nje, nažalost, više nije bilo. Mihailo se teško snalazio u toj situaciji.

Nije prošlo ni godinu dana od smrti Slobodanke, a Mihailo se ponovo oženio, ovoga puta nekom učiteljicom. Devojčice su teško podnosile prisustvo maćehe koja je bila sušta suprotnost njihovoj majci.

Sa devojčicama nije uspela da uspostavi dobre odnose, ali, opet, ne može se reći ni da je bila baš neka zla maćeha. I ona je rasla bez majke, sa nekoliko maćeha, koje je njen otac stalno menjao, pa je takav život u njoj ostavio duboke tragove. Jednostavno, nije se snalazila. Ubrzo je rodila i svoju kćerku, a odmah zatim i sina.

Moja majka je, naravno, čim je ta žena došla u bratovljevu kuću, počela da seje razdor između Mihaila i njegove nove žene. Stalno joj je nešto smetalo i nikad joj ništa nije bilo po volji. Mihailu je iz dana u dan, bivalo sve teže. Nalazio se između dve vatre - majke i žene. Nije znao ni kako, ni kome će da udovolji. Naravno, takav razdor neminovno je vodio samo ka jednom... Razboleo se! Sve te nedaće i neizdržljiva napetost, ostavili su tragove na njegovom zdravlju.

Ubrzo nam je i otac umro. Bilo mi je zaista teško kada sam čula za njegovu smrt. U glavi mi je neprekidno odzvanjalo: *Otišao je, a da mi nikada nije rekao da me voli, da sam mu potrebna.* Duša me je bolela. Sve ružno, što sam od njega doživela, sve što sam mu zamerala, sve što sam mislila da mu nikad neću oprostiti... sve me je prošlo...

Sve sam mu oprostila... Čak i batine i sramotu koju sam zbog njega doživela kad me je tukao pred mojim drugovima... Sve je palo u zaborav, kada sam ga videla mrtvog...

Posle njegove smrti, majka se još više pripila uz brata i kao pijavica isisavala svu energiju iz njega.

Mihailo, potiskujući sve svoje probleme i doživljavajući ih u sebi, uspeo je na svu sreću, da preživi dva teška infarkta. Nije znao šta će i kako će, jer ga je majka čitav život vodila kao na uzdi i stalno mu komandovala. Kao i ja, ni on joj nikada nije bio dovoljno dobar, a opet, za razliku od mene, bez njega nije mogla... Neprestano ga je zivkala da dolazi kod nje, jer, više nisu živeli u istom dvorištu.

Mihailo je prodao svoju kuću i odselio se sa željom da se malo oslobodi stega, a, u stvari, napravio je sebi još gore. Morao je svaki čas, nekada i po nekoliko puta dnevno, da se vozi do nje, po šest kilometara i opet nazad. A majka se, od kada je otac umro, pretvorila u pravu aždaju. Svi su morali da rade samo onako, kako ona kaže.

Mitar je bio drugačijeg kova. On se nije dao. Gledao je samo sebe i svoju porodicu. Imao je ženu i dvoje dece - kćer i sina. Otišao je u Francusku i nije dozvolio da ga iko voda na lancu. On nije bio kao Mihailo.

Dve nedelje pošto je otac umro, izašlo je na videlo da je kradom, da niko ne zna, pet godina ranije on već nagovorio oca da kuću "prepiše" na njega, a da to nikome od nas nije rekao. Kad sam to saznala, imala sam osećaj da sam oca po drugi put izgubila. Otišao je i ostavio za sobom nepravdu i svađu između dece.

Bolelo me je što je otac to uradio, a još više me je bolela činjenica da je moj brat tako nešto mogao da uradi bez mog i Mihailovog znanja. Nisam mogla da verujem da je moj rođeni brat takav čovek i takav karakter. Teško sam to podnosila, ali nisam više ništa htela da ga pitam. Plašila sam se da ću ako započnem bilo kakav razgovor sa njim i njega izgubiti, jer ipak mi je bio vredniji od sveg imanja.

Uprkos tome, na kraju sam ga ipak izgubila, jer smo se udaljili, kao da nismo više bili brat i sestra. Nije mi bilo krivo što je prisvojio roditeljsku kuću. Kuća mi nije ni trebala, imala sam svoju. Bio mi je samo strašan taj osećaj, da su me izneverili i on i otac. Odbacili su me, pogazili... I mene i Mihaila. Izgubila sam svoje korene.

Majka mi, sa svoje strane, nikada nije oprostila što sam tada, saznavši za sve to, posle samo dve nedelje, skinula crninu za ocem. Uradila sam to, jer nisam više u svojoj duši osećala žalost što je umro. Da me je bar malo voleo, ili poštovao, razgovarao bi sa mnom o tome. A moj brat, da je iole bio čovek, nikada ne bi mogao tako nešto učiniti...

Na kraju, preuzeo je na sebe obavezu da brine o majci, da je hrani i sahrani... Nasledio je kuću i sve ostalo... Bili smo u nekakvim nejasnim odnosima. Pričali smo samo kada bi smo se u retkim prilikama sreli, što se retko događalo. Nerazrešeno pitanje - zbog čega je, bez znanja nas - svoga brata i svoje sestre – potajno preuzeo roditeljsku ostavštinu, zauvek je ostalo da stoji između nas.

* * * * *

Moja majka dugo nije mogla da se pomiri sa tim da sam ostavila Žarka. Njena prva reakcija je bila strašna. Rekla mi je da se kaje što mi je dala svoju krv, onda, kad sam imala tri godine i kad sam bila teško bolesna.
"Bolje bi bilo da sam te tada ostavila da umreš, nego što me ovako sramotiš!" – besnela je.
Nisam mogla da verujem svojim ušima da dobro čujem šta žena koja me je rodila, moja rođena majka, govori. Bolele su me strašno njene reči... A opet, tešila sam se pomišlju da je ljuta i da ne misli zaista tako.
Ja sam je uvek zvala jednom mesečno, da bih svaki put bila izgrđena i ponižena. Uvek bih posle razgovora sa njom, sebi obećavala da je više neću zvati. Ali, svejedno bih je uvek iznova zvala i uvek doživljavala isto.
Kada sam sa Josefom odlazila u Srbiju, obavezno bih išla da vidim i majku. On je morao da me čeka u autu dok sam ja bila kod nje i slušala njene kletve i grdnje. Posle tih poseta, dugo bih bila neraspoložena i trebalo mi je mnogo vremena da ponovo dođem sebi. Ja sam joj oduvek bila loša, ali moj novac joj je uvek bio dobar. Nikad ga nije odbila. Uvek ga je uzimala. Pitala sam se kako može da bude takva...
Josef, vaspitavan sasvim drugačije, u jednoj sasvim drugačijoj civilizaciji, u kojoj su porodične veze labavije i vezanost dece za svoje roditelje mnogo manja, nije mogao da razume zašto toliko patim i tugujem zbog nje. Za njega je to bila jednostavno rešiva stvar - ako me neće, trebalo je da je zaboravim. Ja tako nisam mogla. Kakva god, ona je bila moja majka...

* * * * *

Posle nekog vremena i moja deca su došla u Italiju. Josef je pomogao Stefanu da dobije posao u jednoj firmi, što nije bilo teško, s obzirom na to, da je sa sobom doneo svoju diplomu mašinskog inženjera. Darka je prijavio i zaposlio u svojoj firmi. Bila sam presrećna, jer su napokon, obojica bila tu, barem u mojoj blizini. Živeli su sa ocem, a ne sa mnom. Razumela sam ih. Za njih je Josef, ma koliko bio dobar prema njima, bio stranac. A njihov otac je na sve to i posle svega izigravao žrtvu, ostavljenog i napuštenog jadnika... Oca, koji nije mogao da živi napušten od svih i sam...
Cmizdrio je i plakao, žalio se kako sam ga ostavila samog i jadnog... To je uticalo i na moje sinove, koji su sada bili već odrasli ljudi. Ipak im je bio otac. Koliko god da su bili svesni njegovih mana, žalili su ga i ponavljali tu njegovu priču - da nije lepo od mene što sam ga sa ostavila sada, kad već ima skoro pedeset godina.
Zamerali su mi, što ga, ako se već nikako nismo mogli složiti, nisam ostavila dok je bio mlađi... Bilo mi je krivo kada mi tako nešto kažu. Ne što su na strani svog oca, već što se ne trude da me razumeju. Kao da oni nisu znali zašto! Čekala sam da oni porastu, da stanu na svoje noge! Borila sam se da ih izvedem na pravi put!
To, što su me oni osuđivali, bolelo je više od svega drugog. Ništa ne boli tako jako kao osuda i nerazumevanje rođene dece. Duša me je bolela i bez toga. Bilo mi je teško što nismo zajedno, da im ja kuvam, spremam i ugađam kao svih prethodnih godina.
Veoma brzo, to je za njih činila neka druga žena, kojom se njihov "jadni tata" utešio i doveo je u stan, iako je mene, kako je neprestano govorio, još uvek voleo... Ja sam mu želela svu sreću i bila sam zadovoljna što je nekoga našao i što nije sam.

On meni nije želeo sreću. Bio je ljubomoran što sam bila sa Josefom i što sam kraj sebe imala pravog čoveka. Deci je branio da se viđaju sa mnom. Zato smo se viđali kradom... Na svu sreću, to nije previše dugo potrajalo. Stefan nije dozvolio. Polako su svi uvideli da je ovako mnogo bolje. Nije više bilo naših neprestanih svađa. Shvatili su da im je majka bila srećna, a vremenom su postali svesni, da im je srećan i otac. Polako je sve leglo na svoje mesto. Jedino što je za sve to bilo potrebno vremena.

Za to vreme, mnoge sam noći preplakala u Josefovom naručju... Žudela sam za svojom decom, a on me je strpljivo tešio da će jednog dana sve biti u redu. Na sreću, tako je i bilo. Bila sam Bogu zahvalna što sam svoju tugu mogla da podelim sa čovekom koga volim. Divan je osećaj kada sve, baš sve – i dobro i zlo, imaš sa kim da podeliš. To je bilo moje najveće, a tako nenadano stečeno bogatstvo.

Posle tri godine zajedničkog života, Josef i ja smo se venčali. Taj dan naše zajedničke sreće, dan našeg venčanja, proveli smo zajedno sa mojom decom. Prihvatili su Josefa i to je donelo mir i sreću u moju dušu. Prestali su i napadi moje bezrazložne, bolesne ljubomore. Znala sam i bila sigurna da je samo moj. Stekla sam napokon i samopouzdanje i sigurnost u sebe koje nikad nisam imala. Time se izgubio i onaj panični strah da ću ga izgubiti.

* * * * *

Napokon je nastupio period mog lepog i srećnog života. Živela sam, onako kako sam oduvek priželjkivala i maštala, sa svim usponima i padovima kojih ima u svakom zajedničkom životu. Moj Josef je dosta pomagao mojoj deci, naročito Darku, kad god je nešto bilo potrebno. Posebno sa materijalne strane.

U međuvremenu smo i deci moga brata Mihaila – njegovim kćerkama, Veri i Mili i njegovom sinu Žaru, pomogli da i oni dođu u Italiju. Svi su u Italiji zasnovali svoje porodice, imaju svoju decu, vredni su, svi rade i žive lepo. Svoju najmlađu sestru su oni sami doveli i pomogli joj da se snađe. I ona se ubrzo udala i dobila sina.

Prolazile su godine, a mene je jedino mučilo to što nikako nisam uspevala da uspostavim normalan odnos sa svojom majkom. U međuvremenu, ona se razbolela. Dobila je kancer debelog creva. Njeno stanje je iz dana u dan bilo sve gore. Zvala sam je skoro svakoga dana da čujem kako joj je, ali i nadajući se da će me, bar u tim teškim momentima pozvati, da zajedno podelimo njen bol.

Patila sam zbog toga što se nikada nismo zbližile i što nije želela da mi oprosti to što sam ostavila Žarka. Bila sam već deset godina sa mojim Josefom, a ona ga još uvek nije poznavala. A meni je bilo veoma važno da ga ona prihvati! Da u njemu vidi dobrog čoveka koji je učinio toliko toga za čitavu našu familiju i konačno – koji je mene usrećio! Pitala sam se zar je to, za moju majku malo?! Plašila sam se da će zauvek otići i da će za sve što sam toliko želela biti kasno...

Napokon sam dočekala i taj dan... Majka me je pozvala da dođem sa njim. Na brzinu sam spremila sve što nam je bilo potrebno za put i odmah krenula sa Josefom u bolnicu u kojoj je ona ležala...

Bolnica je izgledala sumorno i ruinirano, kao da je upravo "sišla" sa neke fotografije iz Prvog svetskog rata. Fasada se svuda ljuspala, a sa okapnica ispod krova visio je otpali malter. Mestimično je sva bila u rupama, pa se činilo kao da je izrešetana mecima. Pred metalnim ulaznim vratima koja su škripala pri svakom otvaranju i zatvaranju, stajala je gomila smeća, praznih plastičnih flaša i najlona.

Kada smo stigli, moja majka je sedela tik uz to đubre, u prugastoj bolničkoj pižami, kao da je izašla iz svoje ćelije u zatvoru, sa štapom u ruci i čekala mene i Josefa. Deca su bila zajedno sa nama i bila sam im zahvalna, jer mi je bila potrebna njihova moralna podrška.

Josef je bio šokiran i užasnut kada je video tu sliku siromaštva i bede. Nije bio naviknut na tako nešto. Kradom me je upitao jel to moja majka nosi u bolnici zatvoreničku uniformu. Od sve muke sam se morala i nasmejati.

Posle deset godina odbijanja, pokude i ignorisanja mog drugog braka, imala sam svoju majku opet u zagrljaju. U svom naručju, osetila sam samo kosti presvučene naboranom kožom, jedne mršave i krhke starice. Mislila sam da ću da svisnem od tuge...

Pitala sam se zašto smo morale da izgubimo sve protekle godine... Znala sam da nam više nije ostalo mnogo vremena. Samo Bog je znao dokle će živeti, ali bilo mi je jasno da to neće biti još dugo. Očekivala sam da će se pokajati zbog toga što je njena tvrdoglavost bila uzrok naše desetogodišnje razdvojenosti. Međutim, to se nije desilo. Bila je hladna i bezosećajna, kao i uvek. Jedino što se moglo videti u njenim očima, bio je strah! Strah od bola i smrti...

Želela sam da joj pomognem, ali nisam znala kako. U sebi sam pomislila – *Draga moja majko, ako će ti to olakšati muke, sve ti opraštam!* Nisam to smela reći glasno, jer sam znala da bismo se opet posvađale, a to nisam smela da dozvolim. U njenom odnosu prema meni, ništa se nije promenilo. Da li zbog bolesti, ili po navici, ili zbog toga što je uvek tako i osećala, gledala je nekako tupo, nezainteresovano, kroz mene. Kao da joj nisam bila kćer. Kao da sam neki tuđinac! A to je bolelo... Sa Josefom se pozdravila i rekla da je, izgleda, dobar čovek.

Mučila se još dugo posle toga. Umrla je dve godine kasnije i ostavila u meni veliku prazninu, a sa druge strane, u moju dušu je najzad, posle svega, stigao mir. Znala sam da više ne trpi užasne bolove. Strašno je patila, a niko nije mogao da joj pomogne i umanji tu njenu patnju.

To me je tokom tih godina njene bolesti neprestano proganjalo, onespokojavalo i uznemiravalo. Smrću se najzad oslobodila toga. Njenom smrću, ostala sam potresena, bez obzira na sve ožiljke koji su ostali duboko urezani u mojoj duši, ali sam povratila i svoju duševnu ravnotežu koja se poremetila tokom njene bolesti.

* * * * *

Ja sam Natalija... U godinama sam kada žene nerado govore o zimama i letima koje su prebrojale do sad. Kada uopšte nerado govore o brojevima. Pripadam onoj grupi žena koje ujutro, kada se pogledaju u ogledalo i uoče novu, sitnu boru iznad usne ili oko lepih, velikih očiju zeleno-braon boje, sa zadovoljstvom zaključe da još uvek mogu da se osmehnu liku koji vide ispred sebe i konstatuju da je vreme koje je za njima, ostavilo na njihovom licu samo još jedan trag mudrosti i još jednog preživljenog iskustva.

Ne patim zbog svojih godina, ne patim ni zbog svega što sam u prošlosti pregrmela preko svojih leđa. Ne žalim ni zbog jednog drhtaja i treptaja svoga srca. Ne plačem više ni zbog jedne boli koja me je gušila. Živim za jutro koje je svanulo i dan koji je ispred mene.

Ipak, koliko god ne želim da se sećam prošlosti, ona i sama, nepozvana ponekad dođe u moje misli. Zapitam se tada da li želi da me muči i proganja, ili samo ne dozvoljava da zaboravim. A posle svega, gotovo da sam sigurna da želi samo da mi stavi do znanja da u "sadašnjem životu" nemam prava na suze, nezadovoljstvo i loše raspoloženje.

Ja sam jedna od onih žena koje su ostvarile svoje snove. Srećna sam, ali do sreće nisam došla tako lako. Mnogo trnja

sam iščupala iz svojih okrvavljenih stopala koračajući putem do svoje sreće.
Moja deca, nisu više deca, već odrasli ljudi. Obojica su srećno oženjeni i imaju po jednu kćerkicu. Žive lepo i zadovoljni su, tako da sam i ja zadovoljna i srećna.
A ja? Ja sam se oslobodila svih svojih patnji i uživam u veličanstvenoj sreći koju je "Onaj" odozgo, poslao mom Jozefu, meni i mojoj deci. Ostvarile su se sve moje nekadašnje želje i maštanja o lepom i srećnom životu i, osećam da je sada baš onako, kako to ume da kaže moj sin Stefan - sve pod kontrolom.

* * * * *

Zadovoljno se protežem u svom krevetu. Pogled mi pada na komodu koja stoji pored samog mog uzglavlja. Na njoj se u vitkoj staklenoj vazi šepuri predivna crvena ruža. Smeškam se zadovoljno i pitam se kako nisam čula kada ju je Josef jutros ubrao u našem ružičnjaku i stavio pored moje glave. Prislonjena uz vazu stoji presavijena hartija na kojoj piše: *Ich liebe dich und werde dich immer lieben - dein Josef.*
Volim i ja tebe i voleću te dok sam živa, Josefe. Zato volim i ova svoja sećanja na prošle dane. Zahvaljujući njima, svaki put iznova postajem svesna koliko sam sada, s tobom, srećna...
Ustajem, prilazim prozoru... Pod blistavo plavim italijanskim nebom, po kom se veselo gurkaju, slični raspuklim lopticama pamuka, nemirni oblačići, okupan suncem u našem predivnom vrtu, Josef nešto "čeprka" oko rascvetalih saksija. Primetivši da razmičem zavesu na prozoru, podiže pogled. Videvši me, njegove usne se razvlače u širok osmeh. Pokazuje mi da siđem u vrt. Da me čeka, da zajedno pijemo kafu...

Gledam ga i razmišljam: *Nikada na svetu ne bih dala ovaj trenutak, ovaj dan i ovu sreću, što mi kao vazduh ispunjava grudi i dozvoljava mi da napokon dišem... Ovaj, toliko željeni trenutak moje sreće i ispunjenosti... Trenutak sa one druge strane provalije, strane o kojoj sam toliko dugo sanjala... Do koje sam došla, prešavši moj stari, rasklimani viseći most... Most iz mojih snova...*

www.ingramcontent.com/pod-product-compliance
Lightning Source LLC
Chambersburg PA
CBHW061658040426
42446CB00010B/1797